会读才会写
导向论文写作的文献阅读技巧
（原书第2版）

How to Read Journal Articles in the Social Sciences：
A Very Practical Guide for Students 2E

[加] 菲利普·钟和顺 (Phillip Chong Ho Shon)　著

袁　辉　韩　鹏　译

重庆大学出版社

① ② ③ ④

作者简介

　　菲利普·钟和顺（Phillip Chong Ho Shon）是加拿大安大略理工大学的犯罪学副教授。他拥有哲学学士、语言学硕士和刑事司法学博士学位。他的研究领域是警民互动的社会语言学组织（the sociolinguistic organization of police-citizen encounters）和19世纪的美国弑亲罪。他喜爱的消遣是举重和看亚洲黑帮电影（当然并非同时进行）。他还渴望着有一天能够成为职业摔跤手。

　　他的文章发表于下列刊物：

　　《国际法律符号学论坛》（*International Roundtable for the Semiotics of Law*）;《话语与社会》（*Discourse & Society*）;《惩罚与社会》（*Punishment & Society*）;《国际法律与精神病学》（*International Journal of Law and Psychiatry*）;《国际罪犯治疗和比较犯罪学期刊》（*International Journal of Offender Therapy and Comparative Criminology*）;《调查心理学与罪犯侧写期刊》（*Journal of Investigative Psychology and Offender Profiling*）;《文化与社会心理分析》（*Journal for the Psychoanalysis of Culture and Society*）。

译者简介

袁 辉

重庆大学工学博士,重庆大学图书馆副研究馆员,从事学术评价与分析、信息素养教育、研究方法教学等相关工作,发表 CSSCI 来源期刊论文数篇。

韩 鹏

四川大学政治经济学博士,西南政法大学国际贸易经济学教研室教师,在 CSSCI 来源期刊和核心期刊上发表论文数篇。

致　谢

在另一本书里我曾经说过,致谢和引用是可以用来偿还知识债的货币。从那时起,我已经支付了小小的一笔首付,但现在却发现自己又欠下一些新债。我拿不准自己还不还得起。这种旧债未还,又添新债的状态倒也算不上稀奇,它是学术生活中谁都躲不开的一大特色。幸好我周围刚好全都是不介意成为债主的好人。这里我要再次感谢那些在催生本书时帮了我一把的人。

我对 Brian Cutler 博士感激不尽,因为他为我提供了最初的动力,来写一本这样主题的书,要不然也就没有这本书了。当然,他之所以能在萌芽状态下就认识到本书的潜力,正是因为他作为著名学者的经验积累和卓然成就,使得书中归纳的这一模式对他来说是一目了然的。我非常感谢 Steven Downing 博士,是他阅读了本书的最初几稿,并且提供了非常有益的意见和反馈。我对 Kimberly Clow 博士也深表感谢,因为她为本书好几章的内容提供了极其有用的意见和反馈,而且她还帮助我应对那些复杂而精妙的心理学期刊文章。安大略理工学院的上述同事们,我感谢你们。而我的犯罪学研究伙伴,"顽石"Rick,我为了"意义何在"这一章而感谢你。还有我最信任的朋友、同事和知己——CWW,感谢你,为了一切。你知道我说的是你。

感谢加拿大安大略理工学院的优秀学生们，感谢你们对阅读密码这一想法的敏于接受，勇于采纳。我知道要伴着直尺、荧光笔和签字笔阅读是很痛苦的。我全都懂。为了这些，我深深地感谢SSCI 4099U班（2010和2011的冬季学期）和SSCI 5020G班（2010年的秋季学期）的学生们，感谢你们的耐心。

尽管我在东北伊利诺伊大学的老师们不会记得我，也不会在意我，但我却没有忘记那些想教我成为批判性思考者和批判性阅读者的教授们。我敢保证这个任务并不简单，我也说不准他们成功了没有。不过，即使没成功责任也是在我。特别要提的是 Roger Gilman 博士、Sarah Hoagland 博士和 Stanley Kerr 博士，是他们教会了我为了内在目标去热爱和追求智慧。他们可能不知道，并且甚至可能不在乎，他们改变了我的生活道路。但是我现在要说出我 20 年前不能说的话：感谢你们把我朝着学者的方向打造。我目前仍然走得跌跌撞撞，但希望有一天，自己能够稳步行走。

当我出门在外时，Kerr 博士去世了。我没有机会做最后的道别。我想让你知道，我读尼采时仍然心跳不已，我还想让你知道，读《权力意志论》时，每翻过一页我都会想起你。*哪怕世界消失，只要还有哲学、哲学家，和你。*（*Let the world perish，but let there be philosophy，the philosopher，you.*）

菲利普·钟和顺

前　言

目前有不少作品指点读者如何写好研究报告、硕士博士毕业论文、期刊文章等，这类作品强调，写作技能的掌握和其他任何技能一样，离不开精心打磨、耐心教导和日常练习（Cone & Foster, 2006；Glatthorn & Joyber, 2005；Miller, 2009；Rudestam & Newton Silvia, 2007）。虽然研究生在读研期间通过出席研讨会和担任助教等途径可以学习如何授课，但 Silva（2007, p.6）哀叹说没有人教这些学生写作："最常见的训练方式就是推定反正有导师教他们写作。"阅读的学习情况也大抵如此。

现有文献教导读者怎样分配时间来推动写作，怎样整理自己的想法来准备写作，怎样设置期刊投稿文章的框架，以及怎样把任何"有成文潜能的活动"落实成文章（Silvia, 2007, p.6）。Silvia 在文章中指出，专业性学术写作是一项非常复杂的事务，因为有许多与主题相关的文献要全面涉及，有大量数据要仔细分析，有各种研究方法要精确描述（参见 Landrum, 2008；Noland, 1970）。Silvia 进一步指出，为了做到以上几点，我们甚至必须阅读自己不那么喜欢的科学期刊文献。这里阅读行为又一次被视为排老二的活动，仅仅是为了服务和帮衬写作而存在。

所以，这本书是非常有必要的，因为对本科生和研究生而言，阅读常常是写作过程中，人们视而不见、无暇细究的一部分。如果说写作训练作为学位论文写作和期刊论文写作过程的一部分，贯穿了本科和研究生教学的全程，那么据我所知，针对社会科学文献的阅读就没有这样正式和系统的训练。在接受高等教育的过程中，学生仅仅是简单地沿袭他们中学阶段学到的阅读习惯和技巧。这里可能仅有哲学和文学批评是例外，因为这些专业的学生在本科和研究生阶段需要接受精读训练。其他门类的社会科学则直接默认学生们是早已深谙此道的阅读者。

这种站不住脚的假定已经大行其道，所以出现这样的结果也就毫不意外：本科高年级（大三和大四）学生和研究生都很少能够进行批判性阅读，来应对他们对研究报告、学术论文和学位论文的写作需要。所以，本书假定学生**不**具有批判性阅读的必备技能，着眼于教会学生（写毕业论文的高年级本科生和写学位论文的研究生）如何通过阅读来最大化他们的写作产出。毕竟，批判性阅读是高等教育各个阶段都应该具备的基本技能。

这本书详细阐明了写作前的一些步骤，相关领域的学者认为这些步骤在写作和阅读实践中不可或缺，但对其道理却语焉不详。举个例子，我敢肯定每个学生在他们的求学生涯中都曾经听到自己的导师教导说："你得批判性地阅读。"但问题在于这类善意的建议总是空洞无物，不能够明确地教人怎么去做这件事。市场上不计其数的论文写作指导书也好不到哪里去，因为关于怎样进行批判性阅读，这些书只是给读者一些大而化之、模棱两可的指示：有些书告诉读者对文献的出色评判来自于"细读"，其他书建议读者保持"批判性视角"。但所有这些善意处方都有的一个通病：没有人明确地解释什么样的阅读才算是"批判性的"阅读。

怎样才具有"批判性"似乎难以捉摸且过于复杂，但从某些方面来说这又是简单明了的。例如，Wallace 和 Wray（2011，p.29）指出，批判性阅读中的一项关键技能是"识别作者的潜在目的和隐含意图，在评价手中的文献时将它们考虑进去"。Wallace 和 Wray 认为，批判性阅读就是辨别阅读材料中的主要主张和隐藏主张。这种阅读方式在找出文献中的各种空白的同时，也能为撰写论文做好准备。Cottrell（2011）也有类似的观点，她认为批判性阅读包括分析、反思、评价和判断一个文本的优点。她进一步提出，批判性阅读是批判性思维的逻辑延伸，包括"关注细节，识别模式和趋势……采取不同的视角，考虑影响和遥远的后果"（p.5）。Wallace 和 Wray（2011）及 Cottrell（2011）都默契地认为，阅读发生在多个层面，并需要同时完成多个任务。学术阅读既不容易也不简单。为了能记录阅读过程中产生的各种想法，有学者建议在阅读的同时要绘制思维图或者有意识地提问。

有的阅读方法为学生提供了阅读的路线图，但指引过于模糊或狭隘，使得阅读效率不高。拿两个著名的阅读法——EEECA 阅读法和 SQ3R 阅读法来说，第一种阅读法要求读者检查（Examine）、评估（Evaluate）、建立（Establish）、比较（Compare）和争论（Argue），这样读者就能形成新的主张（Jesson, Matheson & Lacey, 2011, p.48）。第二种阅读法要求读者首先浏览、略读文献，确认文献是否与读者的目标相关，然后再"仔细阅读文本……复述要点……复习文本进行确认"（Ridley, 2012, p.64）。我认为，这些传统的阅读方法只是比导师通常提供的模糊指导好一点点。

很多人认为，"批判性"阅读之所以重要，是因为它能够激发读者产生新的观点、新的主张，即使读者没有自己的新观点，也可能发现某种新的"阐释方法"。但请注意，社会科学期刊中的研究论文本身就必定充满着新的、有待完善的观点。现有文献中的空白或不足，或者说新观点的缺乏，正是学者们撰写期刊论文的理由。也正是因为这个原因，作者们才会在论文中讨论自己研究的局限性，并对未来的研究提出建议。这已经成为一种学界中人彼此心照不宣的方法，以此为自己未来的研究设定框架，或者为想要填补文献空白的其他人提供路径。简单地说，批判性观点已经零散地嵌入期刊，读者要做的就是在文本中将其解码。写作者之所以难以形成新的观点，并不是因为新观点不存在，而是因为他们还没有掌握文本批评或批判性阅读这一艺术。因此，我借助阅读密码表（见表1），在本书中教学生阅读社会科学期刊文献时，从文章结构、写作技术和文句语法的角度对这些文本进行解码。本书以这种方式将原本大而概之的"要批判性地阅读"之类的建议落到实处，从而让学生掌握批判性阅读的技巧。

现有文献中另外一个没有给予足够重视的问题是对所阅读过的文献的管理问题。我们假设一个刚入读的研究生打算就某一特定主题撰写学位论文，并且已经找到50篇最近15年发表的被同行评议过的论文，那么有没有一种文献阅读方法能够组织文章的主题、模式及对其的批评，从而为写作论文提供帮助？传统的指南类书籍都推荐使用3英寸×5英寸的索引卡片来组织和整理相关信息，以备在阅读、概述和写作过程中使用。但是，哪怕仅仅是拿出一份粗略的概要，学生都必须以某种特定的方式消化和组织所读的文章。并且，除非学生坐下来用一张白纸记录那些在文献中反复出现的主题、模式和研究空白，否则本应涌现的批判性观点就会在漫无目的的阅读中消失不见。

举个例子，有人建议在阅读文献时填写的"简要批评笔记"表格

(Cottrell，2011，p.157)，他建议使用3英寸×5英寸的索引卡，表格中预留填写书目信息的位置，包含九个部分共13个问题。想有效使用表格，需要回答完所有这些问题（例如，"这篇论文想要证明什么？""它如何促进我们对该主题的理解？"）。类似地，Wallace和Wray（2011）的"文本批判性分析"表格含有10个主要问题，需要读者在完成文献阅读后回答。这10个问题之外还附加了26个小问题。为了完成该表格，读者一共需要回答36个问题。这些问题包括："这是什么类型的文献？""文献中能回答我的问题的相关内容是什么？""这些观点在多大程度上得到他人作品的支持或受到挑战？"等（pp.237-246）。

读者通过回答Cottrell（2011），Wallace和Wray（2011）在其表格中提出的问题，确实会建立起与阅读材料之间的批判性互动。因为读者可以从答案中看到阅读材料中反复出现的主题，以及在自己可能撰写的论文中进一步发展的潜在的批判性意见。然而，这类问题的数量以及答案的形式，不能给读者提供使其论文写作效用最大化所需的结构和约束规则（constraint）。简单地说，与其期望读者以扩展叙述的形式填写答案，不如采用一个建立在代码基础上的笔记系统，并以此为组织这些问题的答案提供必需的规则。

建立在代码基础上的系统对促进写作更有效，原因如下。

1. 回应是建立在读者正在阅读的文章的文本功能之上的。

2. 学生需要把复杂的想法和句子缩减为一到两个关键词（主题代码）。阅读中不断重复这样的行为，就能使他们得到足够多的练习，由此他们能够更有效地整合他们的想法。

3. 这些关键词不仅便于浏览检查，回溯也很方便。用代码代替结论和总结中重复出现的主题，比使用冗长的句子更容易识别。

表1　菲利普博士针对社会科学期刊文献的阅读密码表

密码的文中位置	密码缩写	名　称	含　义
前言	WTD	他们要做什么(What They Do)	作者(们)声称要在论文/书中做什么，这一密码提炼出了作者在文本中提出的主要问题。
文献综述	SPL	现有文献综述(Summary of Previous Literature)	该句、该段或该页给出了前人研究结果的简要综述。该过程要求大量的提炼工作，要理解复杂的观点并把它们浓缩为几段话或几句话，本领高超的作者甚至能将其浓缩为一句话。
文献综述	CPL	现有文献批评(Critique of Previous Literature)	作者评论先行学者著述的学术文献并指出其局限。CPL与POC，GAP以及SPL都有概念联系，因为已有文献在理论、方法论和分析工具方面的不足正是目前研究的必要性之所在。CPL常常会紧随SPL，因为作者首先要提供一些思想作靶子才能进行批评。
文献综述	GAP	空白(Gap)	作者(可能以某种有体系的方式)指出现有文献中缺失的成分。如果GAP和CPL得以恰当操作，那么读者就应该能够在作者明示之前就预测出RAT。
文献综述	RAT	理论依据(Rationale)	作者在此处提出依据，证明其研究是必要的，有理由的。作者给出现有文献的CPL和GAP后，应该顺理成章地、逻辑清晰地在其后推导出RAT。

续表

密码的文中位置	密码缩写	名 称	含 义
研究结果/讨论	ROF	研究结果 (Results of Findings)	描述该文的主要研究结果。该密码常常先后出现在摘要、研究结果和结论部分，因为在大多数社会科学期刊中，要求对这一点反复强调至少三次。
讨论	RCL	与现有文献观点一致的研究发现 (Results Consistent with Literature)	描述该文和现有文献观点一致的研究发现。也就是说，作者自己的研究工作支持其他人已经做出的研究工作。
讨论	RTC	与现有文献观点相反的研究发现 (Results to the Contrary)	描述该文和现有文献观点不一致的研究发现。也就是说，作者自己的研究工作并不支持其他人已经做出的研究工作。
结论	WTDD	他们做了什么 (What They Did)	作者(们)在文章/书中做了什么，这是由WTD顺理成章导出的姊妹问题。这一密码提炼出了作者在文本中已经回答的主要研究问题，作者正是借此对该主题的相关文献作出自己的一份贡献。
结论	RFW	对未来研究的建议 (Recommendations for Future Works)	目前的研究工作还不完善之处。作者针对目前文献仍存的研究空白(GAP)提出路线图，借此对其他研究者的未来研究提出建议。

续表

密码的 文中位置	密码 缩写	名　称	含　义
阅读策略			
	POC	批评点 (Point of Critique)	现有文章或文献中的一个缺陷，可供你(写作者)批评，并在未来论文中针对其加以弥补。
	MOP	明显的遗漏点 (Missed Obvious Point)	你所阅读的文献的作者所明显忽视的与先前文献的理论、概念或分析方法上的某一联系。(MOP常常是由于文章作者文献阅读不充分或不全面所致。)
	RPP	待探讨的相关问题 (Relevant Point to Pursue)	有待我另文探讨。尽管这一密码未能指出现有文献的任何局限性或空白点，但该点提出后可以成为未来文章的POC。很明显，RPP的出现一定意味着相应的MOP和GAP的存在。
	WIL	能否(Will)	将这一理论或概念联系加以逻辑梳理，以得出相应结论，来化解文章中随处可见的矛盾和待解决问题。

　　我设计的阅读密码表以易识别、易提取的格式帮助读者进行系统性的阅读、摘记，以及组织海量信息。之前关于阅读和写作的各种方法之所以有缺陷，是因为把阅读和写作分开处理。而在我看来，这二者应该是相互关联的。在本书中，我提出的整理阅读材料信息的方法(阅读密码表，或缩写为RCOS)其实并非创新。事实上，类似的

方法或步骤在一些备受好评的阅读法中就有提及。例如，Machi 和 McEvoy（2010）介绍了"文献综述 Tally 矩阵"（Literature Review Tally Matrix）的使用，Jesson，Matheson 和 Lacey（2011）讨论了视觉笔记系统的有效性，如思维导图和分栏记笔记的方式。Ridley（2012）也讨论了用表格组织笔记的价值。从这方面来说，阅读密码表只是拓展了之前学者们已经提及的基本策略。不同之处在于，我的阅读密码表组织信息的方式更高效。

　　还有其他书籍指导学生如何理解和消化现有的研究。这类学术书，可能除了 Paul Silvia（2007）的《文思泉涌：如何克服学术写作拖延症》①和 Scott Harris（2014）的 *How to Critique Journal Articles in the Social Sciences* 之外，都有个显著的缺点：内容太冗长。例如 *Reading and Understanding Research*（Locke，Silverman & Spirduso，2010）长达312页；《怎样写研究生学位论文》（Bui，2009）有320页；《顺利完成硕博论文：关于内容和过程的贴心指导》（Rdenstam，2007）有328页；就连《如何做好文献综述》（Fink，2010）也有272页之长。一本教学生怎样写作的书不应过于冗长且面面俱到，而应该简洁、切题、有操作性。不要太啰唆也不要掉书袋。我的这本《会读才会写：导向论文写作的文献阅读技巧》就满足了这一点。

　　我始终认为批判性阅读是大学教育中不可缺少的一部分。本书的对象主要是研究生和高水平本科生，可以用作一年级研究生专业研讨会的补充课本，也可以用作导师指导本科生撰写毕业论文的补充教材，同时大学的教务处和研究中心也可以将本书推荐给学生使用。本科写作课程旨在帮学生做好充分准备，以写出原创性的研究

---

①在本书出版时，书中提及的著作，若中文版已经出版，均直接给出中文版书名，全书同。——译者注

报告、高级的文献综述和具备理论导向的论文，而这本小书正好可以为此提供非常有针对性的帮助。

　　本书作为辅助性的阅读技能书，对那些准备去北美、英国、澳大利亚留学的国际学生特别有用，尤其是那些来自亚洲的学生。中国、印度和韩国是到北美接受本科和研究生教育的国际学生的最大生源地。即使是以英语为母语的学生，如果他们没有上过相关课程，在进入研究生院以后也会在阅读和撰写社会科学文献方面遇到困难。而以英语为第二语言的国际学生将会承受双重压力：第一，由于英语是他们的第二语言，他们必须培养自己的社会语言学能力，才能应对新的社会环境；第二，他们必须在各自的学科领域中以及学术写作方面掌握足够的词汇量。在写作过程中，为了理解和遵从来自教授和论文导师的意义模糊的指示，诸如"批判性地阅读"和"把文献融为一体"等，他们常常得绞尽脑汁。为使他们免受此苦，本书将会教他们如何阅读才能在阅读过程中更好地组织信息，以实现更高效的写作。如果能够提前准备好在研究中进行批判性阅读，就会帮助这些国际学生更好地克服上述第二类困难。当然，这对母语是英语的学生同样适用。

本书的结构

　　第1章：阅读的挑战。本章首先对现有的尝试教授学生如何进行批判性阅读的阅读模式进行细致分析，然后对学生在使用这些阅读模式和技巧时所面对的主要困难，尤其是多个层面存在的障碍，进行讨论。进而通过社会科学期刊论文的文本，引入了阅读密码。本章解释了学生在获取其论文主题的主要信息时，为什么要从知名期刊而不是其他来源获得。

第2章:使用摘要工具全力解决技术性和结构性写作问题。本章从大学论文写作中最令人疑惑也最具神秘色彩的一个方面切入——教授们是怎样为学生论文打分的。通过详述我这样的未获终身教职的助理教授面临的迫切需要,我描述了先于阅读密码表出现的打分密码表的必要性和起源。我还讲述了自己在使用这一表格教学生撰写研究论文和学位论文时所遭遇的失败。

第3章:这些内容值得一读吗? 如何阅读摘要、前言和方法部分。本章教学生怎样使用阅读密码表来阅读摘要、前言和方法部分。通过学习阅读摘要,向学生展示怎样采集必要的相关信息以决定是否应把一篇文章纳入文献综述,而不必等到读完了整篇文章再确定。我以批判性的前言阅读,展示了怎样进行预见性阅读,通过这一方法学生可以使用前言中的内容来默述和预测下文中出现的更为复杂的论证进路。本章还教学生在阅读数据分析和研究方法部分使用一种特别的阅读密码:批评点(Point of Critique,POC)。这一密码的使用可以帮助学生培养对现有研究的方法论批判意识,并为自己计划进行的研究找到理论基础。本章使用了社会学、犯罪学、传播学、心理学等社会科学领域的期刊文章的片段,以展示阅读密码表在社会科学领域中的普适性。

第4章:意义何在? 如何阅读文献综述和研究结果部分。本章教学生怎样使用阅读密码表来阅读文献综述部分。学生将会初步掌握以结构为视角和以语法为视角,来预测下文中会自然出现的该研究的批判性观点、假设生成和理论基础的阅读方法。这样他们就能回答"意义何在"这一问题。学生也将学会怎样完成从阅读研究结果(ROF)部分向组织文献综述(SPL)部分的转换,从而开启自己的写作进程。本章使用社会学、犯罪学、传播学、心理学等社会科学领域的期刊文章的片段，同样是为了展示阅读密码表在社会科学领域中的普适性。

第5章：融入学术界：如何阅读讨论和结论部分。本章教学生怎样使用阅读密码表来阅读讨论和结论部分。学生将会理解，期刊文章中这两部分的关键词怎样将我们的工作和前人的研究联系在一起。本章使用社会学、犯罪学、传播学、心理学等社会科学领域的期刊文章的片段。

第6章：标示和组织ROF，SPL，CPL，GAP，RFW和POC。本章提供了一些实用的诀窍，帮助学生更好地使用阅读辅助装备：直尺、签字笔和荧光笔。我展示了如何使用这些基本工具来放慢阅读速度，并"实现"其他人仅仅倡导却从未教授的批判性阅读。本章并不仅仅关注阅读，还提供具体的建议指导读者如何组织按照阅读密码收集的信息，以最大程度地实现写作所需信息的组织、管理和提取。本章还向学生介绍了阅读密码组织表（Reading Code Organization Sheet，RCOS）这一收集、组织和管理信息的方法，教授学生怎样使用RCOS来拟订提纲，以写出一篇专业水准的研究论文。

第7章：阅读密码表适用于非社科文本吗？本章测试了阅读密码表对于非社会科学类文本的适用性，特别选取了经典哲学著作作为样例，以确定阅读密码表在书籍层次和期刊文献层次对于哲学文本的普适性，而哲学可以说是学术界较为抽象和深奥的学科领域之一。本章证明了阅读密码的基本原则适用于各种学术文本和学术领域。

第8章：结束语。本章提出阅读和写作这两种行为有千丝万缕的联系。也就是说，尽管这两种学术活动都需要闭门索居，但它们本质上都是社会性的、主体交互的活动，能够推动阅读者和写作者加入学术界的社会—道德秩序的构建。

对本书术语的说明

对书中用来描述各种高等教育机构的术语，这里有必要做一些解释，从而消除读者可能出现的混淆。例如，高等教育之前的学校教育，加拿大和美国等国家用 "high school" 和 "secondary school"，而挪威和芬兰则用 "upper secondary school"[①]。高等教育机构的用语也存在类似的区别。例如，在美国，有一类学校教育被统称为 "community colleges"，是学生在高中毕业后接受的一类学校教育[②]。"社区学院" 是两年制学院，主要教授职业技能或行业技术。部分学生会通过 "社区学院" 接受进入四年制学院或大学之前的预科学习，这些年大学学费不断上涨，用这种方式可以少交一些费用。"社区学院" 在加拿大被简单称为 "学院"（college）。在澳大利亚，这类机构被称为 "技术学院"（technical colleges），在芬兰被称为 "职业学校"（vocational schools），在英国则是 "继续教育"（further education）。虽然名称不同，但它们的教育功能相似。

高等教育机构也存在类似的情况。美国所称的学院（colleges）和大学（universities）教育，在加拿大都被统称为 "大学"（university）教育；在英国、瑞典和澳大利亚被称为高等教育（HE）；在芬兰则被称为学士学位课程。

在我看来，重视高等教育和学习，本身就充满了本真的亚里士多德精神，没有什么变化。学生去大学是为了表明他们还有无知之处，并学习新的知识，而不是去确认他们已经掌握的知识。

---

①本书中均译为"高中"。——译者注
②本书中均译为"社区学院"。——译者注

当我使用"学院"或"大学"这个术语时,我指的是四年制的高等教育机构,而不是技术和职业学校以及社区学院;"本科生"(undergraduate)这个词指的是在四年制高等教育机构就读的学生;"研究生教育"(graduate education)这一术语,我指的是在完成四年制学位之后的学校教育(例如,培养硕士、博士)。我把攻读硕士和博士学位的学生称为"研究生"(graduate student)。我把四年制的高等院校称为学院(college)或大学(university),把这些院校的学生称为"本科生"(undergraduate)。我根据个人习惯采用的是美国术语,如果对读者造成不便,本人在此表示歉意。不过,就像大力水手(Popeye)的口头禅:"我行我素,这就是我!"(I yam what I yam and that's all I yam.)

弄清楚指称高等教育机构的不同用语之间的差异是有意义的,这有助于读者了解为获得这些机构所授予的学位而撰写的论文类型。例如,在北美语境中,dissertation 所指的学位论文是专指博士生需要完成的学位论文,它是博士生为获得学位而必须完成的终极文本。这个词不适用于硕士生或本科生的学位论文。然而在英国,dissertation 的使用范围要广泛些。在本书中我用博士论文来指代那些仅限于博士生的项目。

我用 thesis 来指代研究生和本科生为了获得学位而完成的论文。例如,在美国和加拿大,硕士学位的学制通常只有两年。硕士研究生为了获得学位,就需要完成 thesis(硕士学位论文)。虽然硕士学位论文要求收集原始数据并做出分析,以实证为主,不过,也有的学生写的论文是概念性和理论性的。同样,高年级本科生(四年制大学的大三或大四学生)如果有天赋和能力,会完成荣誉学位论文(honor thesis)。在美国,荣誉学位论文由参加荣誉学院/项目的学生撰写,这类课程与普通大学的课程不同。完成荣誉学位论文包括两个学期的学习。第一学期需要完成文献综述和预答辩（a proposal defense）环节。第二学期完成数据收集与分析，以及论文草稿的撰写。在加拿大，学生必须向自己感兴趣的项目提出申请，通过后就需要完成荣誉学位论文，学习周期同样为两个学期。本科生撰写的荣誉学位论文非常像硕士学位论文，都要求对原始数据进行收集和分析，工作量都不小。虽然不同国家对此类项目的叫法不尽相同，但都要求在论文中提出原创性和创造性的主张、论据或某种发现。

用来描述大学给学生布置的各类写作任务的术语有很多，例如，论文（essay）、立场论文（position paper）、反思论文（reflection paper）、学期论文（term paper）、文献综述（literature review）、注释书目（annotated bibliography）和研究论文（research paper）。"研究论文"通常在大三和大四的课程中布置，目的是让学生批判性地评估一个主题，提出一个新主张和论点。这个术语所代表的写作项目，包含对文献进行综合和批判，同时提出一个原创性的论点及主张（Wallace & Wray, 2011）。研究论文可以是实证型的，也可以不是。本科生在大学四年级时需要完成的论文还与顶点项目（Capstone project）相关。在北美，不同的机构对这种项目及相关的论文叫法不同。它们有时被称为"写作强化"或"学科写作"课程。我现在就职的学校称之为"整合项目"，因为项目要求学生将他们以前的课程作业和学到的知识最后整合到一篇原创的论文中。虽然项目的名称不同，但要求是一样的。我在本书中使用"研究论文"这一术语来指称本科生必须写的、非学位论文的原创论文。

最后，需要对本书中使用的称谓术语的限制条件做一个说明。大学生们有时候搞不太清楚如何称呼他们的老师。我还记得在路易斯安那州时，当有学生称呼我"菲利先生"（Mr.Phil）时我感觉被冒犯了。后来我才知道，学生用"先生"（Mr）这个称呼是表示尊敬，尤其是对他们喜欢的人才会加上这个前缀。于是我不再觉得被冒犯了，甚至还觉得有些荣幸。之所以当时会出现这种情况，是因为在我获得博士学位后，学生们对我的称呼就从"菲利普"先生变成了"菲利普博士"，并且一直用"博士"作为我的称谓。

"博士"（Dr.）是学位授予单位授予的终极学位。要获得这个头衔，需要满足相应的许多要求，撰写博士学位论文并成功进行学位论文答辩。就算日后我可能会失业变得无家可归，但也没人能剥夺我的"博士"头衔。因为它是我的，是我自己挣来的。"教授"（professor）这个称谓，是高等教育机构授予被雇用来从事教学工作的人员的，至少在北美是这样的。在英国和欧洲，这个称谓则蕴含更多声望，不会被轻易使用。如果我从大学离职不再从事教学工作，那么我就不再是"教授"，大家就不能用这个称谓来称呼我了。在本书中，我所称的"教授"均在大学中从事一线教学工作。同样的，在不同国家或不同的称呼习惯下，从事相似工作的人，其称谓或头衔可能不同。我在本书中交替地使用教授和教师这两个词。

目 录

第 1 章

阅读的挑战

教授们经常教导学生要仔细且具有批判性地进行阅读。学生们也果断地将老师的教导转为实践:在书上大段大段的,甚至整页的做上标记;尝试回答由学者们推荐的各种促进自己更好地阅读文献的问题,比如,作者的主要观点是什么? 作者提出了哪些论据支持自己的观点? 作者提出了哪些假设? 等等(Crottrell, 2011)。但我注意到,学生们为了让自己的阅读具有批判性,反而陷入了困境。如果学生阅读的文献主题与自己的专业或兴趣不甚相关,那么阅读的挑战就更大了。也就是说,有诸多因素会对学生的一般性阅读和批判性阅读的能力产生影响。教学生如何进行批判性阅读与告诉学生要去批判性阅读,是截然不同的。前者需要向学生展示什么是批判性阅读及其与普通阅读(例如阅读小说)的区别。

学生们也没有良好的阅读习惯。近十来年,智能手机和平板电脑让他们通过各种社交媒体与同龄人和社会建立起联系,但也分散了他们的注意力,断开了他们与文本及其作者的联系。比如学生正在听一个讲座,却又分神回短信或在社交媒体上跟帖;又或者他们正在读一篇论文,中途却可能随时停下来回复各种信息。这类反复出现的干扰让他们不能全神贯注地仔细阅读文献。学生在阅读中遇到的各种挑战还有很多。

目前有好些教人精读技巧的方法，其中最有名的是 SQ3R 和 EEECA 这两种阅读法。SQ3R 阅读法旨在教学生"有效地"阅读并通过积极的方式与文本互动（Ridley，2012，p.64）[①]。

1. S（Survey）浏览，通过浏览文本了解文本的主旨和大意。
2. Q（Question）提问，在浏览文本时，如果觉得文本内容相关，或者需要进入深度阅读，思考可以根据文本内容提出哪些问题。
3. R（Read）阅读，如果认为文本内容与研究相关，则需要仔细阅读文本。
4. R（Recall）复述，阅读完文本后，复述其主要观点。
5. R（Review）复习，对阅读材料进行复习，确认自己全部复述出d材料中，对自己有用的所有主要观点。

该方法首先引导读者快速浏览文本，确定是否需要对文本做进一步阅读，也就是识别文本是否应进行仔细阅读。一旦确定需要进行阅读，该方法就会指导学生"对相关文本进行精读并建立联系"，从而增强复述文献的成效。当读者阅读完一段文本并写下总结之后，就要进行复述和复习。SQ3R 阅读法告诉读者，在开始阅读时要牢记这 5 个步骤。然而，在这 5 个步骤之外还需要具有批判性和分析性，从而在阅读过程中产生更多的问题和需要考虑的步骤（Ridley，2012，p.66）。

---

①本书中文版是《会写才会读：完成文献综述的 10 个要点》。——译者注

6. 作者的中心论点和主要观点是什么。也即是说,作者想告诉你什么,让你接受什么。

7. 作者的结论是什么。

8. 作者给出了什么样的论据来支撑其论点和结论。

9. 你认为作者的论据是否充分,就是说论据是否相关和充足。

10. 作者是否有没有写明的假设。

11. 这些假设是否站得住脚。

12. 文本的写作背景是什么。文化和历史因素是否对作者提出的假设,以及作者所表述的内容和方式产生了影响。

学生们在阅读时提出这些问题绝对是正确的。读者的确应该关注文本的核心观点、主要论据、隐含假设,以及文本背后的历史和文化因素。如果读者在阅读文本前就能将上述要点熟记于心,那么这些问题可以引导读者找出作者在写作时要表达的主要观点和假设。在这一指导精神上,被广泛应用的 EEECA 阅读法(Jesson,Matheson & Lacey,2011,p.48)和 SQ3R 阅读法是一致的。

1. E(Examine)检查,对主题进行检查或分析,尝试从多个角度对文本进行检查。

2. E(Evaluate)评估,对主题进行评估或批评,并对其做出判断。

3. E(Establish)建立,建立不同文本之间的关系,并知道它们的联系是什么样的。

4. C（Compare）比较，比较文本主题和其他文本的异同。

5. A（Argue）讨论，对某些内容进行支持或反对的讨论，并试图让读者同意。

当作者为了完成学术写作而进行阅读时，两种阅读法都尝试能让读者识别出与自己学术写作目标相关联的、适合的文本。两种阅读法都以提问的方式教导读者进行批判性阅读，两种方法也都试图让读者根据某些理由对以前的文献进行批判。从这个意义上说，这两种阅读法的效果都很不错，它们让读者实现了阅读的目的。如果学生能在阅读过程中牢记所有这些问题，然后去回答这些问题，他们就会按照预定的方式阅读学术文本。然而，这两种阅读法与其他学者提出的阅读建议之间并没有明显的区别。例如，Cone 和 Foster（2006）指导他们的读者在阅读时通过记录观察结果来进行批判，根据这些观察结果得出对某个主题的主要见解。Rudestam 和 Newton（2001）提供了一份包含21个问题的清单，读者在阅读时如果能记住这些问题，就可以培养批判性和结构化阅读的能力。

SQ3R 和 EEECA 阅读法操作的难点在于其提出的良好建议难以实施和执行，其他学者之前提出的指导批判性阅读的方法也有类似的情况。如前所述，Rudestam 和 Newton（2001）列出的学生在阅读时要牢记的问题清单，可以转化为21个问题，而这些问题都是学生在阅读时需要注意的，必须回忆和回答的。与之类似，SQ3R 阅读法可以转化为12个问题，读者在阅读过程中必须要记住这些问题。如果考虑到阅读过程的下一个步骤，现有阅读模式所面临的困难就会变得更加复杂。当读者把这些难以理解的问题列成一个清单，然后试图回答这些问题时，挑战就出现了。因为问题的答案可能是一句话也可能是一段话,这就使得对问题的回答缺少一致性,或是不简洁、不准确。

缺少一个具有系统性和一致性的编码系统,这不仅让读者无法从对问题的回答中总结出一般结构,也会阻碍读者对相关信息的检索。这对读者来说显然是一个障碍,因为读者需要单独对每个句子进行评价,而不能灵活地对所有内容进行检查和识别。所以,高效的阅读方法应该具有一种组织系统,让读者在完成阅读的同时可以方便地进行回溯。这个组织系统应该以视觉呈现为主,其他学者也提出了类似的建议(Jesson,Matheson,& Lacey,2011;Machi & McEvoy,2012;Ridley,2012)。读者在阅读过程中的笔记应该用可视化的表格形式进行组织。当对笔记内容进行检索时,表格形式的笔记可以提升检索效率,从而使写作变得更容易。阅读、写作、信息存储和检索都是"读—写—学"过程中的组成部分。

本书所提出的阅读密码适用于几乎所有的社会科学期刊论文,同时,我认为还适用于人文学科的论文和图书。此外,阅读密码的组织和呈现方式能让读者预判某些代码在文中出现的位置,从而使读者可以沿着社会科学的写作惯例划定的轮廓来构建阅读过程。这套阅读密码对之前的阅读习惯进行了变革。例如,代码 RCL、TC、TDD 和 RFW 通常出现在文章的讨论和结论部分,而不会出现在绪论、文献综述及方法部分。代码 SPL、CPL、GAP 和 RAT 通常出现在文献回顾部分,不过它们往往在摘要、引言和文献综述中以精练的形式重复出现。因此,阅读密码的使用不仅可以减少描述文本模块的字词,还有助于浏览检查。

这套阅读策略密码有些复杂,且需要多多实践练习。比如说,密码 WIL 就需要用到高级阅读技巧。读者可以仅通过阅读文本中提出的问题或包含的句子，就"看到"为使一个立场或论点成立而需要建立的所有联系，并问自己能否将这些联系梳理出来。我曾上过一位著名文学评论家的课，他总能找出一些句子并提出一些问题。这些句子和问题实质上就包含了文本中预设的隐藏前提，使一个思想体系得以运转。这些可以在作者的论证中得到支持，或是在随后的分析中由于作者的逻辑和文本中蕴含的张力和不一致性而变得支离破碎。这位文学批评家能找出这些决定性的句子，并提出 WIL 问题。

聆听这位文学评论家对一段文本的阅读、解释和分析的感觉总是很棒，这段文本可能是来自 Isaiah Berlin，John Stuart Mill，Immanuel Kant，Thomas Hobbes 或 John Rawls 的作品。代码 WIL 就源于我的这位老师高超的阅读技巧。我发现自己很少使用 WIL 代码，因为：（1）我的阅读并不是那么广泛；（2）我没有那么聪明；（3）我很少能超越自己的学科范围。要使用 WIL 代码，读者必须至少比作者领先三步，只有才华横溢的学者/读者才能完成这个任务。当然，一个优秀的本科生或研究生完全可能具有广泛的阅读面，并能挑战文本立论的隐藏假设，但这种情况不多。

按照类似的思路，读者必须具备良好的阅读能力和广泛的阅读量，并熟悉关于某一主题的文献，这样才能看到文本所遗漏的明显的观点（MOP）。这个遗漏点本应由作者写明，但是出于各种原因而被作者忽略了。可能是作者没有读到其研究领域的关键著作或文章，也可能是作者在论述时忘记引用和评价某个知名学者的研究结论，还可能是作者不看重某个学者而有意不在文中提及。但关键的是，这些遗漏点不应该被忽略，此即 MOP——明显的遗漏点。学生们可以挖掘这些明显的遗漏点，并在其他文献中继续探究，因为这都是"待探讨的相关问题"(RPP)。又或者,学生在阅读时可能读到成为批评点(POC)的内容,这些内容可成为现有文献批评(CPL)的基础。密码POC,MOP和RPP确保读者能"看"到并理解正在阅读的研究的发现,并将其与其他文献联系起来,或者与预期之外的研究主题和文献建立关联。这些预期之外的联系可以引导读者提出自己的原创性主张。当然,如果没有足够的背景知识和阅读面,建立那样的联系是非常困难的。

在社会科学研究领域,读者肩负着一项基本任务:你,作为学生读者,将以什么理由对你选择的文献进行批评? 你能读完你针对某一研究主题(例如,校风研究、本科生指导计划、青少年自杀、犯罪新闻报道、女性健康)所选的全部文献,对现有文献提出批评,并从逻辑上发现其中的研究空白(GAP)么? 是的,作为学生的你应该能够根据自己提出的现有文献批评,对自己发现的每一条研究空白提出弥补或完善的方法。

例如,你可能在通读了30、40或50篇期刊论文之后得出结论:现有研究只针对目标人群进行了横向研究而没有进行纵向研究,或者现有研究只用到非常有限的样本。对社会科学期刊论文而言,这两种批评都是有效的。学生注意到现有研究没有包含足够的样本或只做了纵向研究,这一点可能是正确的。如果你用上述两个批评中的一个作为现有文献批评(CPL)的基础,那么针对你指出的每一条GAP你都能提出完善的方法么? 如果你掌握了分析技巧,有支撑数据和开展这项研究的意愿,当然没问题。但是,如果你不具备上述条件,那么你就没有办法纠正文献中存在不足。虽然你能正确地指出现有研究的不足,但这些不足可能不适合你开展研究。对你而言,更现实和务实的做法是从文献中找出你可以补救的不足,而不是把自己搞得焦头烂额，或因为自己的雄心壮志无法实现而崩溃。

你提出的现有文献批评（CPL）应该为你在论文中提出和回答的研究问题提供信息，无论该论文是顶点项目论文、本科毕业论文、硕士论文还是博士论文。你撰写的论文因写作要求、项目规模和复杂程度的不同而有所不同。然而，对本科生和研究生的课题而言，遵循社会科学论文的基本形式和逻辑，以及为证明自己研究的合理性而必须找出前人研究的不足之处，从而提出并成功解决研究问题的过程是相似的。对于现有文献，我们总是可以找出许多理由对其进行批评（Harris，2014）。虽然批评的类型因学生读者的阅读量、阅读范围及文本的复杂程度不同而不同，但是批评的逻辑是一致的：批评从根本上来说是建立在否定的基础之上的，即现有文献中没有做到的事情。

阅读发生在多个层面。草草地浏览文本是无法做到批判性阅读的，因为这种阅读方式很容易让人忽略文中的关键之处。在阅读社会科学类期刊论文时，在文本右侧的空白处，建议用阅读密码（SPL，CPL，RAT，RCL等）对文本进行标注。如果文本的某句、某段或者某页给出了总结、批判、原理或结论，那么同样应该在右侧合适的空白处用阅读密码进行标注。这是进行批判性阅读的第一步。当读到文本中的综述、方法、结果讨论部分时，应该在文本左侧适当的空白处用主题密码（thematic codes）进行标注。通过这种方式，就可以把整段文本的本质提炼为一两个代码。这种对内容的提炼和浓缩可以让读者关注类似主题，有助于组织自己的文献综述。这就是批判性阅读的第二步，将复杂的想法和语句浓缩为一到两个词，以便于后续按主题进行组织和回忆。

学生将社会科学领域的文本按照上述思路进行编码之后，就能够看出该领域期刊论文的质量差异。例如,学生将能认识到,写得好的论文会提供精心设计的理论依据(RAT),以此说明为什么这个主题是重要的和值得研究的。而写得不怎么好的论文则不会告诉读者研究的重要性和意义所在。学生将看出有些作者在文中只对一两篇文献进行了讨论,而不是将多篇文献的主题进行归纳。学生还将会注意到不同作者的写作差异,比如论文中句子和语法的组织方式,以及不同的写作习惯。他们会注意到,在社会科学领域中,有的作者会犯一些基本的错误,有的作者则不遗余力地写出漂亮的句子。一旦弄清楚了这些,读者就可以继续质疑隐藏的假设、文本产生的文化和历史背景等。阅读发生在许多层面,学生应该像侦探在犯罪现场梳理证据一样对待他们正在阅读的文本。每项证据——段落、句子、标点符号——都很重要,因为它们能从各个不同方面阐明作者的思想。

虽然人们对学术界的作弊行为,从考试作弊到论文抄袭,已经做过太多讨论,但对于发生在阅读过程中的作弊行为,教育工作者却鲜少提及。你可能会问,阅读过程怎么可能作弊呢?阅读是一项复杂的任务,需要人们全神贯注。(这一点我在后续的章节里还会加以论证。)阅读也是一种道德行为。阅读社会科学期刊论文需要通读所有章节,从摘要、导言到方法、结果、讨论和结论,因为每部分所提供的信息在后续的阅读中都是不容忽视的。然而,学生们往往并没有阅读全文,因为在他们接受的大学教育中,学到了只需阅读论文的引言和结论就可以"知道文章是关于什么的",当然,这也可能是有人告诉他们的。但这种做法,对学生和学者来说就是舞弊的行为。对学者来说,走这种捷径是不真诚和不忠实的行为,而且这种"舞弊"精神还会传递到写作中。有些本科生甚至根本就没有读过他们引用的文献。这就像学生声称自己完成了某项工作,但实际上根本没做过一样,两者都同样构成学术上的不诚实和欺诈。就好比说,我没有登上过珠穆朗玛峰,却声称自己登上了,这就是欺骗行为。

当学生引用他们没有读过的文献时,他们其实是在歪曲自己和自己的作品。道德在阅读过程中的重要性和它在学术写作中的重要性是一样的。盗窃行为没有被发现,小偷没有被抓获,并不意味着偷盗案件没有发生。盗窃行为可能没有被官方记录,但它存在于两个地方:一是头上三尺神明的眼中,一是犯事人的心中。对于阅读欺骗行为来说,还可能存在第三个地方。如果学生声称读过某篇实际上他没读过的文献,而恰好导师读过,那么导师是知道的。根据心理医生的研究,如果此种自欺欺人的行为在校园(甚至生活)中持续,势必还会产生心理上的不良后果(Horney, 1950)。学生们可能不会也不想把自己视作学者。然而,在做学术阅读和学术写作时,他们就是学者。所以他们至少应该效仿学者的正确态度和做法:谦虚地对待手中的文本,并如实报告他们的发现。

学术界存在着各种类型的文本,由不同类型的出版物组成,包括图书、专著、书评、评论文章、理论论文、文献综述、研究笔记和述评(Harris, 2014)。不过,就本书的目的而言,我们关注的是一种特殊类型的文本——社会科学期刊论文。为什么对期刊论文格外强调?因为发表出来的期刊论文是社会科学领域的黄金标准。它就像是学术生活和学术事业中的货币。虽然社会科学期刊论文有多种类型,但提出原创性观点的论文往往分为两类:实证论文和理论/概念性论文。在第一类论文中,学者们以量化或质性的方式收集和分析数据,然后得出研究结果。在第二类论文中,学者们利用现有的研究和主张来批判和产生自己的独特见解。期刊论文之所以很重要,是因为最前沿的研究和发现首先发表在期刊上,创新的主张和观点以实证或理论的形式出现在期刊论文中。

大家都知道,期刊论文在发表之前有匿名评审环节。也就是说,我向某个期刊投稿后,期刊编辑通常会安排三位专家进行审稿。这三位审稿人必须认同我的论文对现有文献和知识做出了有意义的贡献,才会同意发表我的论文。如果我的论文质量很差,他们便会给出"不同意发表"的意见。因此,有同行评议的出版物所刊发的论文都经历了彻底的审查。这也就是为什么期刊论文会成为"金标准"。通常来说,刊物名称含有"学报"或者"评论",就表明这份刊物是有同行评议制度的。社会科学领域的每个学科都有自己的顶级期刊。所以,学生们在撰写各类论文时,都应该去阅读期刊论文。接下来,我会论证使用期刊文献作为撰写论文的可靠来源的重要性。

过去几年中,我一直在教授一门关于"谋杀"的课程。每学期,学生们都必须撰写关于谋杀的论文。英语专业的女本科生喜欢连环杀手——她们会乐此不疲地阅读"恋尸狂 Ted Bundy""绿河杀手 Gary Ridgeway""食人王 Jeffery Dahmer""开膛手 Jack"等人的故事。如果有人要这些学生描述她们关于系列杀手的文章,她们常常会说出自己最喜欢的连环杀手的名字,就像加拿大男人对自己喜欢的冰球运动员津津乐道,又像真正的芝加哥人能够对 1985 年芝加哥熊队的成员如数家珍。接着她们还会讲述自己读过的关于这个杀手的罪案实录(通常是由退休的 FBI 探员撰写),谈论控制欲过强的母亲怎样把他们的童年变得悲惨可怜,最后"导致"他们的暴力倾向的产生。然后我就会问,"知道了,那么你的论文是怎样丰富了关于系列杀人案的文献呢?""你这是在说什么啊?"学生通常会反问。"我在说,你对系列杀人案进行了研究，那么它对于连环杀手的现有文献，起到的是支持作用还是否定作用？如果你关于连环杀手的研究发现，或者说对他的认识，有别于这个领域的学者，那么差别又在哪里？"我得到的回答往往是"我的论文属于案例研究……我的论文讨论了他们控制欲过强的母亲和悲惨可怜的童年如何让他们变成了连环杀手"以及类似的回答。这样，当学生走了以后，我常常会懊恼得以头抢地。

我和学生之间的谈话之所以是这样的，原因有几点。

第一，学生没有理解到底什么是社会科学研究论文。看起来，一旦他们用双倍行距写出了10~12页长的文章，就觉得自己已经拿出了一篇"研究论文"了。也就是说，学生们是根据文章的篇幅而非文章的结构、形式或者逻辑来界定论文的。Landrum（2008）将这类论文称为"学期论文"，即对他人研究成果进行总结的论文。一篇关于连环杀手的"研究论文"如果只是简单地重复现有文献和连环谋杀理论，而没有就某个问题提出某种解决方法，那这就只能是一份关于类固醇图书的报告了。

第二，想写连环杀手的学生对这个话题的理解建基于他们在电视上或真实犯罪书籍中看到的内容之上，而不是关于连环谋杀的学术研究。如果我班上的那些学生阅读了David Canter（英国心理学家）及其同事在2004年发表的两篇论文，他们对连环谋杀的理解就会有所不同。在Canter等人（2004年）发表在《心理学、公共政策和法律》（*Psychology, Public Policy, and Law*）上的论文《有组织/无组织的连环谋杀类型学：错误观念或模式？》（The organized/disorganized typology of serial murder：Myth or model？）中，他们对联邦调查局（FBI）特工长期以来对连环杀手分类和特征分析的方式提出质疑，并认为有组织/无组织的类型学不足以区分连环杀手的不同类型。同年,Canter 和 Wentink(2004)在《刑事司法与行为》上发表了一篇论文,对 Holmes 和 Holmes(1994)的连环杀手类型学进行了检验。

Ronald 及其同事认为,可以根据连环杀手的动机(有远见的、以任务为导向的、享乐主义的或以权力控制为导向的)将他们彼此区分开来。但是,Canter 和 Wentink(2004)驳斥了这种基于动机的类型学,指出由于特征重叠,基于动机的单一类别的分类很困难。Gabrielle Salfati (2000)还证明,在犯罪者与受害者的互动中出现的行为可以用表达性/工具性的差异以及犯罪现场行为发生的频率来加以区分。在这组研究结果中,连环杀手和普通杀手的区别可以根据他们与受害者之间的互动的有特征的和非典型的方式(例如恋尸癖)来界定。如果我班上的学生将他们的论文建立在期刊论文而不是真实犯罪书籍的基础上,他们论文的起点就会不同,所提出的研究问题也会不同。

学生之所以在论文中犯上述类型的错误,是因为他们没有充分了解写作或阅读过程。写研究论文不像写小说:学生不"塑造"人物;他们也不用在人物之间或人物内部制造冲突。相反,研究论文要解决"以前的文献和当前的发现之间业已存在的冲突"(Landrum,2008,p.14)。也就是说,当学生开始写作时,他们应当完成了对相关文献的回顾和数据分析,并对论文的结论有所预设。他们应该知道他们的论点和结论是支持还是反驳别人的研究。这些工作都应该在开始写作之前就完成。

然而,在这个"写作—前写作"过程中的一些步骤在以往的研究指导中被忽略了,并且这些步骤还被盲目地预设了——写作者们老是错误地以为,倘若还没有想出新观点,他们的论文就没法开工。

但实际上社会科学期刊上的研究文章中，随处可见现有论文中未得到充分研究的新观点。文献中总会有各种空白和缺陷，正是出于这个原因，作者们才会在论文中讨论自己研究的局限性，并对未来的文章提出建议。这已经成为一种大家心照不宣的方法，用来为自己未来的研究设定框架，或者为他人提供路径，帮助他们完成现有文献中未完成的工作。所以说，写作者之所以不能写出创新的观点，真正的原因是他们还没有学会批判性地阅读他人的论文。

第二个缺陷来自对文献阅读管理这一重要步骤的遗漏。设想一个申请荣誉学位或硕士学位的学生准备撰写一篇关于连环杀手的学位论文，他已经锁定了50篇最近15年发表的经同行评议的期刊文章，并且通读了这些文章。然后他该怎么办呢？"对每个研究进行严肃的描述"需要投入大量的工作和精力，即便是仅仅拿出一份粗略的文献概览，这个学生都必须以某种特定的方式对文献进行加工处理。而且除非他坐下来，用一张白纸记录那些在文献中反复出现的主题、模式和研究空白，否则那些本应涌现的"新观点"就会在漫无目的的阅读中失去踪迹。由此可见，过去的阅读法没能解决与写作相关且先于写作的逻辑问题——在形成大纲之前怎样阅读才能促进新观点的形成和完善，亦即批评点（POC）；以及同样重要的，如何管理"浩如烟海的已有研究"中蕴含的信息。

大多数教授都是一步步从本科生到硕士生再到博士生走过来的。我敢肯定他们在写作过程中也曾自问："这么多信息，到底该怎样组织、分类和提取，才能更好地实现我的目的？"也许是好运相伴，我们通过一次次的试错，误打误撞、磕磕绊绊地走过来了，哪怕这一实践后面并没有像样的理论支撑。从教大约六年之后，我意识到学生们可能也不知道该怎么去做。他们不知道怎样写社会科学研究论文的原因之一是,没人教过他们。

我认为,不论本科生还是研究生,在进行任何类型的写作之前,首先应该学会的都是如何阅读。在社会科学、教育、健康科学和人文学科领域,学生必须学会高效地阅读期刊论文,因为这些学科的大部分前沿研究和讨论都会在知名的、经同行评议的期刊论文中展开。在整个学生时代,老师要求学生搜索、阅读和评估的期刊论文比其他类型的文本多得多。此外,学生应该明白,他们选择的研究主题下的文献指导着他们正在写作的论文,所以他们的论文写作不是"随便地"。相反,学生提出的研究问题,论文包含的某种原创性主张和发现,都始于批判性阅读。从某种程度上来说,批判性阅读帮助学生去发现现有文献中的不足之处。学生们必须找出现有文献中的局限,并形成对现有文献的批判(CPL)。在整个阅读过程中,这些批判应该引领研究问题的提出,以及对研究问题的反复修改和重新表述。

学生在写作中痛苦挣扎,一般是因为他们的阅读量不够。在没有充分掌握所选主题的情况下,他们就试图提出新颖的和有见地的东西。简单地说,他们不懂文献。阅读和写作是两个相关联的行为,它们相互塑造。学生之所以在写作方面举步维艰,正是因为他们没有充分地、仔细地或批判性地阅读。就像我提倡的有条不紊的阅读方法一样,斯巴达哲学(Spartan philosophy)所倡导的严格和质朴也应该主导一个人的写作。

写作并不简单,究其根本是一项艰苦的工作。清理公共厕所的大便也好,与任性的顾客打交道也好,整天抬重物也好,在拖车公园里调停两个口齿不清的醉鬼间的家庭纠纷也好,与这些工作相比,写作的困难与繁重有质的不同。它所带来的那种疲劳与压力足以使你的灵魂干涸，自尊消失。当我自己写作不顺的时候，常常会认真考虑是否应该放下学术，去试一下别的行当（我不知道具体是什么。作为一个身材矮小、秃头、有点笨拙还戴眼镜的韩裔，我真的干不了什么）。然后我就回忆起我大学时期的打工经历，我当时不得不打扫公共厕所：那种恶臭，那种羞耻以及狼狈。这就使我坚定不移地相信，我不想再打扫厕所——永远不想。一两天后，当被期刊退稿带来的痛苦渐渐平复，我又会回到书桌前继续写作。所以说，普通写作指南书给出的把写作当工作的建议是有道理的：我们得设定日程表，"打卡上班"，然后遵从耐克广告的建议——说干就干。这样，我们就把写作活动转变为例行公事，写作中的自我规约也就成为工作中的应守之责。

试想有公共汽车司机、护士或巡警说，"我得等有了灵感才能[开车，照看病人，接报警电话出警]"，又或者他们这样说，"我现在可没时间[开车，照看病人，接报警电话出警]。"怀有这种想法并且还身体力行的人肯定早就丢了工作了，但学者们却常这么干。只有学者才有这一特权，能够大言不惭地拿些牛粪一样的废话出来讨论。要知道，教书和写作可是大学教师的工作，我们应该像一般人对待自己的工作那样对待阅读和写作，因此该以怎样的态度对待写作中的心理障碍，也是不言而喻的。而学生对写作的态度，则应该像公交司机对待驾驶，护士对待需要照顾的病人，警察对待报警电话那样。在大学里，这就是学生的首要任务，可能比其他许多任务都重要。

正如其他人也指出的那样，写作不只是敲键盘。它离不开"生成文本所必需的阅读、概述、观点生成和数据分析"（Silvia，2007，p.18）等写作前活动。就拿阅读和记笔记环节来说，尽管它们甚至比概述阶段更靠前，但其意义就算不能胜过着手写作的阶段，也至少不会亚于。因为正是在阅读过程中，我们才能决定哪些东西是文章中可用的（Landrum，2008）；正是在阅读时我们才能找到文献的"主题、优势和不足"（Cone & Foster，2006，p.103）。实际上，Cone 和 Foster（2006）就教导读者随时记录阅读体会，这样才能在此基础上产生关于该主题的重大洞见。可以看出，细致的阅读不应被视为写作的从属行为，正确的阅读方法会带来关于某个主题的敏锐洞见。学生们要做的只是学会恰当地阅读文献以激发出这些敏锐的洞见。

把写作中的卡壳现象归因于动机不足，这也算一种诊断。

那些抱怨"写作中会卡壳的写作者是没有预先进行概述的写作者。……盲目地写了一阵以后，他们感到灰心丧气，抱怨写不下去了。这一点儿也不奇怪——如果你不知道自己要写什么，你是写不出文章来的……首先要整理好自己的思路，你才能把它传达给科学世界"（Silvia，2007，p.79）。但坚持把写作困难归因于动机，这就让人有点迷惑不解了，因为学者既非盲目写作，也不是下笔前对文章架构毫无想法的。当我们通读完文献，确认了自己的研究理由，收集好了数据，或者在写综述时汇总了文献，进行了研究并且分析了结果，到了这个时候我们就应该对自己想要在文章中说些什么非常明确了。这一过程对学生同样成立。在开始写作时，他们就应该知道在论文里要写些什么。当所有前写作环节完成后，论文该怎么写就是非常明晰的事情了。

学者们——包括高年级本科生和一年级的研究生们——不知道该写些什么或者难以将自己的想法组织成论文，这是因为（1）他们文献的阅读量不够；或者（2）他们文献的阅读量没问题，但是没能找到一种方法来组织从文献中收集的信息。在架构好提纲之前，你必须清楚贯穿提纲的内容是什么。这两种错误都会导致那种常被提及的卡壳问题，这两种错误都发生在阅读阶段，因此应该在这个阶段解决。

　　我设计的阅读密码表（RCOS）以容易识别、容易提取的格式帮助读者进行系统性的阅读、摘记和海量信息组织。本书解释了怎样使用10种与社会科学期刊论文的批判性阅读直接相关的密码，这些密码被其他方法大咖视为基本前提而未入其法眼（如SPL，CPL，GAP，RAT，RCL）。本书还解释了怎样使用4种对于批判和激发读者的新观点、新主张都非常必需的阅读密码（POC，MOP，RPP，WIL）。这本书阐明和详述了"批判性"阅读中迄今仍被视作理所当然、不言自明的那些方面，试图借此教会学生，要怎样阅读才能在阅读过程中有逻辑地组织研究论文和研究主题的各级概念分支。

　　本书提出了一种诊断，作为解决写作者卡壳难题的一种方法，并且将卡壳现象归因于写作者在阅读技巧、阅读推进和阅读管理方面的缺陷，而不是简单地将其视为动机不足的结果。如果对前人的研究工作了解不足，在组织自己的思路时必然会犯坐井观天或夜郎自大式的错误。如果缺乏恰当的阅读工具和有效的阅读技巧，我们的文献综述就会失之于简单，无法提供逻辑严谨的文献批评和前瞻性的研究定位，从而使我们的论文缺乏研究意义这一关键要素。如果你想从学生变成有能力的学者，途径只有一个：阅读，不断地阅读，更广泛地阅读。

第2章

使用摘要工具全力解决技术性和结构性写作问题

　　本科生和研究生大概都体验过教授施加的神奇法术,其程序如下:我们在学期末交上去一篇论文,当论文发回时,在第一页上方或最后一页下方就会出现一个莫名其妙的分数。有时你会在论文中发现东一句西一句的几处好评,但还是看不出教授们是按照什么样的核算体系来打分的。除了一篇论文之外,我不记得还有哪个教授曾为我所交的论文修改过技术性错误或曾为之润色,但我敢肯定自己交上去的论文中有数不清的结构性、逻辑性和技术性错误。我现在能给出的最善意的猜测就是我当年论文的错误数量太多,老师们改不胜改,只得放弃。我是芝加哥公立学校系统的"产物",当时办学处于最低谷时期,因此在我的论文中也有所体现。

　　我的学生告诉我,这种神奇的法术仍在延续。他们给我说,老师们发回的论文上只有字母等级或数字评分,却没有解释他们的论文为什么会得到这个成绩,老师是如何评分的,以及今后在写作上如何改进。学生们的抱怨有一定道理。然而,我也遇到过毕业后又返校取回自己论文的学生。其中一些人甚至会追问他们在论文中犯了什么样的错误,以及怎样才能提高写作水平。这个时候我会重新再看一遍他们的论文,向他们指出文中的错误并给予解释,然后告诉他们在今后的写作中如何避免犯类似的错误。虽然大多数人得个及格分数就满足了，但我也确实遇到过一些真正想提高写作水平的学生。

现在站在了讲台上，我总算可以理解，为什么教我的教授们当时不愿挨个修改语法错误或者润饰蹩脚的句子。这真是一件巨耗时的工作。况且，对每篇论文都进行仔细的修改也是不可能的。老师们刚开始投入评分大业时，可能兴致勃勃、雄心万丈，但改了1个小时左右这一雄心就化为乌有了。进一步来说，老师们评阅的论文，讲真的，大多都写得不好。写得好的论文段落组织合理，句子经过精心设计，行文很流畅，不会在老师的阅读过程中产生什么干扰，非常易于阅读和评分。而写得不好的论文会拉长老师的阅读和评分过程：每隔几句就不得不停下来做标记和修改错误；由于行文极不流畅又充满了语法错误，有些句子甚至根本读不通，老师可能需要反反复复读上好几遍。有时，老师会发现几个段落搅在一起，两三个观点支离破碎地散落在一大段文字中，就像一个丑陋的缝合怪。这种情况十分常见。为了委婉地提醒你注意这些令人不愉快的内容，老师们还要绞尽脑汁写评语。

学生们应该明白这样一个事实：你们写出的文字不仅反映了你们接受的中小学教育的成败，还可以反映你们的个性、学习习惯、花在写作上的时间及所付出的努力。如果昨天你花了一整晚写论文，你自己可能觉得没什么，毕竟打印出来的文字看上去没有什么不同嘛。但作为读者，我可以明确地告诉你，你的老师知道你匆忙地赶完了论文，在最后一刻，你一边灌下第三瓶提神饮料，一边把文字糅在一起。但如果你花了好几个星期或更长的时间来完成你的论文，在此期间，你为确保段落间逻辑有序，无数次地为使用哪个过渡短语而烦恼，或为使用句号和分号而苦恼，你的导师同样可以从文字中体察到你对写作的关注和付出的努力。你创作的文字可以折射出你的精神。

学生们写的句子有点像杀人犯在犯罪现场留下的线索。例如，凶手自带凶器(如手枪、刀子)到犯罪现场，表明他有一个非常具体的目标，是一种特定类型的罪犯，而这种类型的罪犯与那些用现场的器械(如台灯、啤酒罐)行凶的罪犯不同。这两种类型的罪犯不论从质性研究的角度还是从量化研究的角度来看，都是不同的。实证研究表明，这两种类型的罪犯的行为模式也是不同的。学生的写作也是如此。首先，文本的结构性错误可以区分学生。然后，文本的技术性错误、文体错误和语法错误，都可以对学生做进一步区分。例如，那些不知道分号的正确使用规则的学生，在用分号连接分句和主句的同时，还会用分号连接从句和主句。那些论文中充斥着不完整句子的学生则更令人焦虑不安。因为碎片化的句子在学生的论文中多次出现，这表明他们在英语写作的基本规则方面存在根本问题。如果这个根本问题不解决，那么继续学习其他语法规则或写作规则将毫无意义。只因为如此，我才会把这些学生写出的句子和犯罪现场留下的证据做类比。你们的教授也好，导师也好，老师也好(不管你们怎么称呼站在四年制高等教育机构讲台后面的人)，他们都能"看到"句子背后的作者。你们可以想象一下，在犯罪现场对所有的证据进行收集、装袋、贴标签和处置，这些工作肯定是既费力又艰苦的。老师不愿意对你们的论文做详细的点评，可能就只是因为工作量太大了。

我一直都注意到学生在论文中总是会反复犯相似的错误，因为我需要维护自己给学生作业打分的权威，同时也厌倦了总是给出重复的评语。因而我最初设计出来的是一份评分密码表。我发现学生——无论是本科生还是研究生——总是让同样的错误在论文中反复出现。比如他们会写出一些看起来就很别扭（awkward）的句子，因此我创造出了AWK这一密码。学生往往会使用别人的说法，但却不标注为引用（citing）或者不给出正确的出处，因此就有了CITE这一密码。有的学生想靠满篇东拉西扯来过关，所以我就创造出了LMG（Largely Magnified Generalities，指太多放之四海而皆准的夸夸其谈）。学生常常不会分段，所以我就创造出了密码NP（New Paragraph，另起一段），有时候学生写的冗长句子完全可以精简，于是我就创造出了密码TLW（Too Long-winded，太啰唆）。有时论文中的主张太言过其实，太稀奇古怪，我只好增加了JOK（Joke，你在开玩笑吗？）这一密码。（"我可不相信他/她会那么说""别逗了"这类论文评语，我通常留给讨论种族与犯罪关系的文章。）

　　在试用这些密码并取得初步成功后，我开始考虑语法教学能不能也通过这一系统进行。我发现学生需要具体而明确的建议才能写出更好的句子，才能用好标点符号，或者取得类似的进步。所以我开始收集有关学生语法错误的信息，进而发现大多数学生的错误都能够通过查阅Strunk和White的《风格的要素》（Elements of Style）来自我订正。所以我对评分密码表进行了进一步扩充，增加了SSW①这一密码，意为参考Strunk和White这本书的特定页码和章节。

　　这样的话，我就可以在特定的句子、单词、短语下面画线，或打圈，标出其他记号，向学生指出问题之所在；我也可以向学生展示论文中哪些地方需要订正，并给出具体的修改建议。不仅如此，我还可以在每次出现错误时扣掉相应的分数，让学生看到自己论文上的

①See Strunk and White 的首字母缩写。——译者注

分数是如何得出的。当然扣分的多少完全是武断而主观的。如果一个学生在一篇10页的论文中犯了15个错误，每个错误扣3分的话，100分的总分他就会被扣掉45分。我开始看到学生们的文章在一点点地改进。一旦学生意识到自己的问题之所在，并且知道怎样着手订正，他们就会放手去做。我猜，针对每个错误逐一扣分这一点非常激励学生。于是我便向学生求证，他们表示确实是想要避免多次犯同一错误而被重复扣分。

我制作评分密码表有三个重要的原因。第一，我想尽量减少学生对成绩的申诉。应对申述需要填大量的表格，这是很繁琐的事情。我手头上的工作已经很多了，所以我要尽可能给出公正的成绩。第二，我已经厌倦了在学生的论文上给出重复的评语。他们一遍遍犯着同样的错误，而我则要对这些重复出现的错误进行反复的点评。我当时真的写得手都痛了，我迫切地想要减少这种重复工作。第三个原因，也是最重要的原因，我是一名教师。这一角色和身份过去以及现在，对我来说都意义良多。如果我不去修正这些写作问题，那么还能指望谁呢？采取多一事不如少一事的态度（Muir，1977）本来很容易：只要强调自己需要发论文来获取终身教职，我就可以心安理得地采取轻松或简易的评分方式；我还可以把责任推到（大学、中学和小学的）语文教师身上，因为他们没能教会学生写作技巧；如果我真的想逃避教师这一角色给自己带来的责任，没准我还可以怪罪月亮对海洋的引力。但是这些做法都和教过我的那些老师的所作所为相违背，而且也和教师的职业准则相抵触。

举个例子，假设有个穿制服的巡警从对讲机里接到一条调度命令：一位市民报告有人在撬门，马上就要闯进她家里了。这名警官觉得出警会给自己带来危险，于是决定置之不理。但事实上，在我和巡警打交道的过程中，我发现不管他们有着什么样的偏见和个人态度，都绝不会让这些个人意见影响自己履行职责。我经常会问巡警，他们为什么会做某些事情，他们给出的答案总是"我可是警察，就是干这个的"。只需这个理由就足以让他们履行自己的职责。这里，我无意为那些自我开脱、离经叛道的观念辩护，本书也不是争论警察渎职的原因和后果的恰当地方。我只是想阐明，和我有过接触和互动的警察从不会让对立观念和歧异见解影响自己的职业担当。一旦我按照同样的思路对自己的教师工作进行反省，就发觉很难去逃避自己的职业责任和义务。看到学生的写作错误而不去设法纠正的老师，就像接到市民的报警电话但不采取行动的巡警一样，都没有在工作中履行专业职责。

有两个评分密码（EXQ：Excessive Quotes，过度引用；POC：Point of Critique，批评点）我要进行详细说明。我之所以设计这些密码，是因为在本科生和研究生的文献综述、研究论文和学位论文中，我发现太多一犯再犯的相似错误。举个例子，我注意到当一位作者的观点过于深奥或难以复述时，高年级本科生和研究生就会大段大段地（所谓大段，是指在提交的论文中长达两整行以上）引用这位作者的话。文中出现过度引用，就说明这个学生没能充分理解作者的原话——当然也有可能是他在偷懒。大体上，学生一般都能借被引述的作者之口来解释一个概念，但不一定能用自己的话解释这一概念。如果文中出现这类错误，可以用 EXQ 来标注。我还注意到学生不经对现有文献的充分批评（批评点，POC，Point of Critique），就直接从现有文献综述这一环节跳到数据分析和研究方法部分，所以他们的论文显得理论基础不足，其价值也就被质疑。那时我就意识到，指导高年级本科生和研究生完成论文需要一种完全不同的指导方法——而这一指导是评分密码表无力提供的。因此我开始浏览学生论文,想要从中归纳出学生的犯错模式。在修正问题之前,我首先要发现问题何在。

这时我发现一种错误格外引人注目,而且我确信大多数给本科生和研究生上课的老师也在他们的学生提交的文献综述、研究论文和学位论文初稿中见过这种错误。这一错误就是在论文的综述部分多次引用同一位作者。这些学生会在论文中用少则一段,多则三段的篇幅,在说明不同问题的过程中反复祭出同一位作者,翻来覆去地引用他的话。这样的论文中的前人研究概述部分自然就谈不上什么条理和要领,遑论逻辑和主题联系。接下来,这个学生就会放过这位作者,在接下来的段落中反复引用下一位作者。我把这一错误称为"逮住一只羊往死里薅"。

不过,在大四本科生和一年级研究生的论文中,最典型的问题是缺乏对文献的批评。学生们已经非常擅长总结现有文献的内容。毕竟,简单的概述仅仅是学期论文的要求,它只相当于关于某个主题的一份读书报告。但是,怎样对自己所读的内容进行批评,这一点他们就知之甚少了。我曾经误以为这个问题可以通过对他们写作水平的打磨来解决,便竭力设计一些写作密码来提高他们的写作水平,但却不见成效。然后我开始想到,提升学生论文的结构组织水平的一个对策是对阅读过程重新进行批判性的审视。

第3章

这些内容值得一读吗?如何阅读摘要、前言和方法部分

　　让我们假设你,作为一名学生,已经搜索了某些数据库,如心理学文摘(PsycINFO)、社会科学引文索引(Social Science Citation Index),以便考察最近20年发表的和你的研究主题相关的论文,结果看上去有点棘手。我们假设你通过主题词检索到了200篇文献。这个数目明显太大,超出了可控范围,更不要说通读了,所以你精炼检索词后再次检索,结果有70篇符合要求的文献,这下就好办得多了。于是你开始仔细分析论文题目,其中最近的一些文章看上去肯定和你的写作主题相关——标题是不会骗人的。这里让我们假设有40篇应该纳入你的文献综述。这些文献之所以入围,或是因为论文标题高度相关,或是因为你熟悉相关领域,知道候选文章中的这些作者总是被相关主题的文章引用。还有10篇看上去和你的研究主题不相关,因此被排除在外。剩下20篇是你拿不准的。从题目判断,它们看上去和你的主题有关,但你不能确定。这个时候你该怎么办呢? 第一,你可以只读你找到的这40篇文献,忽略掉剩下的20篇,但风险就是你可能漏掉一些有关联的重要观点,而这些观点本可以带给你完全不同的研究框架。另外一个办法是,你可以先读摘要,再决定这篇文章是否值得被纳入文献综述。这种方法称为"略读"或

者"扫读",但这些称谓并没有真实反映出如何阅读摘要。

　　摘要是一篇期刊论文的非常非常简要的总结。大多数期刊出版物都要求某种类型的摘要,规定的长度从100个单词到200个单词不等。读完一篇摘要所花的时间当然要少于读完一整篇文章所花的时间,但其中包含的关于文章的信息仍足以让你评估其价值和关联性。在不到两分钟的时间内你就可以读完一篇摘要,然后据此辨识和预测该文章的论证逻辑,而用不着读完整篇文章。医学和其他硬科学类的期刊中,研究论文的格局也和社科论文大同小异:背景、材料和方法、结果、讨论,最后是结论。在摘要中,这5个组成部分都会以某种方式涉及。不管学生是为了做文献综述也好,还是为了判断文章的相关性是否足以使其入围也好,一篇文章的阅读都应该从摘要开始。读摘要时,应该在相关内容的右边空白处标注阅读密码,之所以把密码插在右边是有道理的——读完之后,还要在左边标注主题密码,以便将论文中反复出现的模式和主题进行归类和组织。故而,右边的空白就留给阅读密码,而左边的空白相应留给主题密码。

● 如何阅读摘要

　　下面这部分收录了4篇来自知名期刊的论文摘要,为了描述每个句子的功能,也为了理解简单,条理清晰,对应明确,每个句子我都依次编号。

　　第一篇摘要来自 DiCataldo 和 Everett(2008)的论文《青少年杀人

和青少年暴力犯罪辨析》，这篇摘要的长度为151个单词①，由7句话组成。下面请考虑摘要中所包含的信息类型。

（1）青少年杀人这一社会问题近年来一直是青少年司法领域的研究焦点。（2）青少年杀人这一术语属于法律范畴，但据称它也有重要的科学涵义。（3）以前的研究中，曾将青少年杀人犯作为临床范畴的概念，据此可将其与杀人罪以外的青少年暴力犯进行可信的区分。（4）本研究考察了33名被宣判或指控犯有杀人罪的青少年和38名犯有杀人罪以外的暴力犯罪的青少年，以确定两组样本在家族史、早期发育、犯罪史、心理健康和武器拥有情况等变量方面是否有显著差异。（5）结果发现未犯杀人罪的样本组在以上许多方面问题更为明显。（6）有两个关键因素构成了犯有杀人罪的样本组的重要特征：这一组青少年在犯罪时更容易获得枪支，并且更多地滥用毒品。（7）最后讨论了这一发现的意义，及其对风险管理和政策制定的启示。

前3句按其功能可归为现有文献综述（SPL，Summary of Previous Literature）。这种句子提供了讨论主题的总背景，并总结了前人研究的结果。在上面的摘要里，现有文献的架构遵从的主题顺序是（1）时间，（2）定义，（3）区别特征。其中第2句和第3句隐约有点现有文献批评（CPL，Critique of Previous Literature）的特征，但未明确提出研究空白（GAP，即Gaps）。在CPL中，你所读文献的作者会评论先行学者著述的现有文献，并指出其局限；而GAP则以某种有系统

---

① 英语原文长度，后文同。——译者注

的方式指出现有知识的空白、缺陷及局限性。

　　摘要中第4句所代表的句子类型则传达了论文作者想要做的工作。这类句子完全可以用WTD(What They[authors] Do)这一阅读密码概括之。该密码提炼出了作者要在文本中提出并解决的主要研究问题。在摘要中,WTD不仅会描述文中提出的主要问题,也会介绍研究所用的材料和方法。简而言之,WTD告诉你文章与什么有关。WTD所指代的句子常以以下方式开头:"本文考察了⋯⋯""在本文中⋯⋯""本文尝试⋯⋯"。在大多数社科期刊论文中,WTD往往出现在三个地方:摘要、前言和结论(结论中的WTD会变形为WTDD[What They Did]:他们做了什么)。

　　这里使用代码WTD而不是常见的"thesis"(论点)或"thesis statement"(论文陈述)是有原因的。有些人用"thesis statement"来表示某种结论——"利用现有知识、可靠证据和合理论证而形成的案例"(Machi & McEvoy, 2012, p.1)。如果论文陈述指的是某种结论,那么期刊论文结尾的结论部分又该用什么术语来描述呢? 有些人使用"论点"(argument)或"主旨"(main idea)一词来指类似的观点(Lipson, 2005; Osmond, 2013)。在英文中,thesis还被用来表示本科生和研究生为了获得学位(学士、硕士和博士)按要求完成的最终成果。"thesis"和"thesis statement"这两个词均具有多层含义,使用它们很可能会产生歧义。因此,我避免使用这类术语。

　　第5句和第6句介绍了研究发现(ROF, Results of Findings)。ROF用以描述你所读的期刊论文的首要结果或主要断言。该密码常常出现在社科期刊文献中的三个地方:摘要、研究结果和结论部分。这篇例文中主要有两个ROF值得注意。ROF应能告诉你该研究是否与你自己的研究主题相关。所以在略读文章或通读摘要时,你应将ROF作为含金量最高的关注点,以了解该文与你自己的论文和主题的相关性。如果ROF表明你所读的文章与你的研究主题或所写的论文主题相去甚远,那么这篇文章就不应纳入你的文献综述,你也无须再读下去。第7句讨论了研究的启示。启示内容并未详述,只是告诉你有启示存在。启示内容之所以没有展开,是因为摘要在篇幅和字数方面的固有限制。

在通读这篇长151词的摘要时,我们对文章内容至少可以窥斑见豹,读者可以了解未知的背景(SPL),可能的批评(CPL/GAP),作者为填补现有文献空白而做的研究(WTD),以及他们的研究发现(ROF)。这些密码在文本右边的空白处标出,并应紧挨着作为其示例的句子(见图3.1)。因此,前3句应括在一起,并在其右方空白处标上CPL这一密码。第4句旁应标出WTD作为其密码,而第5句和第6句旁应加上ROF充当其密码。

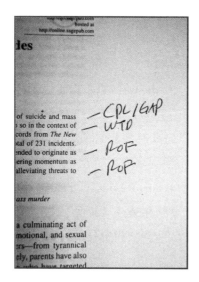

图 3.1

接下来这篇摘要来自 Hattie 和 Timperley（2007）发表在《教育研究评论》上的论文《反馈的力量》。摘要由 145 个单词共 6 个句子组成。请考虑摘要中所包含的信息类型。

（1）反馈是对学习和成绩最有力的影响之一，但是这种影响可以是正面的，也可以是负面的。（2）在与教学相关的论文中经常提及反馈的作用，但令人惊讶的是现有研究几乎没有系统地研究其意义。（3）本文对反馈进行了概念性分析，回顾了反馈对学习和成绩的影响的相关证据。（4）这些证据表明，尽管反馈是主要的影响因素之一，但反馈的类型和反馈的方式可以产生不同的效果。（5）本文提出了一个反馈模型，确定了使反馈有效的特殊属性和条件，并讨论了一些典型的棘手问题，包括反馈的时间以及正面反馈和负面反馈的效果。（6）最后，通过分析，提出了如何利用反馈来提高课堂教学效果的建议。

第 1 句叙述的内容可以称为 SPL，因为作者只提供了现有文献的背景信息。在这一句中，作者将涉及反馈的文献用一个简洁的句子进行了概括，告诉读者反馈以正面或负面的方式发挥作用。可以将第 1 句用括号括起来，同时在右边的空白处写下代码 SPL。作者在下一句提到，与教学有关的论文经常提到反馈的作用，这也证明了第 1 句完成了 SPL 的工作。转折词"但是"暗示后面还有其他内容。

第 2 句中后半句给出的断言是："但令人惊讶的是现有研究几乎没有系统地研究其意义"。这类句子并不是对现有文献的概括。这句话指出了现有文献还没有对反馈的哪些方面开展研究。这样的句子指向了一个否定——没有开展的工作——表明这是作者所做的现有文献批评（CPL）。从逻辑上来说，这类批评指出了现有文献的不足或空白（GAP）。密码 CPL/GAP 应该写在文本右侧的空白处。在这两句话中，作者总结了有关反馈的文献并指出了现有文献的不足之处。

GAP 之后又是什么呢？句子3向读者介绍了论文的内容或作者将要开展的工作（WTD）。像"本文验证了……""在本文中……""本文提供了……"一类的句子，就是要告诉读者文中提出的主要研究问题。如果我们将这类 WTD 变回标准的研究问题形式，就应该是这样的："反馈是如何影响学生学习和成绩的？"问题虽然很简洁，但意义却很深刻。因为 Hattie 和 Timperley（2007）在论文中，对现有研究进行了综述，并且对反馈如何影响学生进行了概念分析。根据论文，现有文献尚未提出此类问题。

在句子4中，作者提供了研究结果（ROF）：反馈的类型及其传导方式会产生不同的影响。句子5中，作者提出了反馈影响的概念模型。这两句都是在讲 ROF，所以需要做上记号并在右侧空白处标出 ROF。之所以要对 ROF 做上记号，因为这是论文提供的最重要的信息。学生根据论文的主要发现，即作者的主张，来决定是否将该文献纳入文献综述的范围。

下面的摘要来自 Pritchard 和 Hughes（1997）发表在《传播学报》上的论文《犯罪新闻中不同的差异模式》，这篇摘要的长度为133个单词。请思考一下摘要中各句分别承担的功能。

（1）关于记者报道中对犯罪新闻的取舍，现有文献未能给出令人满意的理论解释。（2）我们提出了4种差异（规范差异、统计差异、身份差异和文化差异），认为其可以涵盖影响犯罪新闻报道取舍的大部分因素。（3）为了检验这种以差异为基础的理论框架对犯罪新闻的解释力，我们选取了威斯康星州密尔沃基市的杀人案,以及两份报纸对其的相关报道,据此进行了综合考察。(4)我们采取了内容分析和与新闻记者面谈等方式。(5)结果表明当白人是杀人案的嫌疑犯或受害者时,当男性是嫌疑犯时,或者当受害者是女性、儿童或老人时,案件会被赋予更高的新闻价值。(6)我们的结论是身份差异和文化差异是影响新闻价值的重要因素,而统计差异(猎奇性)的重要性可能远低于人们通常所以为的。

"现有文献"后面的"未能"一词所体现的蛛丝马迹,让我们猜测第1句话可能指出了某种类型的CPL/GAP。在接下来的几句话里,读者的这种猜想得到了证实。所以第1句是CPL/GAP的一个范例:现有文献中缺少的是什么? 缺少的是能够说明记者对犯罪新闻取舍理由的"令人满意的理论解释"。在第2句到第4句中,通过对研究过程、研究方法以及意图解决的主要研究问题的陈述,实际上给出了WTD。第5句和第6句描述了ROF。而SPL则暗含在"人们通常所以为的"这一表述中,但并未明示读者,这一假设究竟是什么。CPL/GAP,WTD和ROF等密码应紧邻各自代表的句子,标示在文章右方的空白处。这里你会再一次发现,即使摘要并未给出相关文献的充足的背景知识,亦即缺乏SPL这一要素,该摘要仍能通过ROF告诉你,告诉所有读者,论文中的主要断言是否切合你的研究目的。读者们得知身份差异和文化差异构成了"影响新闻价值的重要因素"。

下面的摘要来自Hogge Kim,Shim Ji和Lothspeich(2014)发表在期刊《国际妇女健康》上的论文《韩国中年妇女的韩国火病(Hwa Byung):家庭关系,性别角色态度和自尊》。这篇摘要长度为100个单词。注意作者是怎样组织摘要的。

（1）我们调查了395名中年韩国妇女，研究了她们就家庭关系、性别角色态度和自尊与韩国火病（HB，韩国愤怒综合征）之间的认识。（2）回归分析显示，报告家庭关系问题较差的参与者经历了更多的HB症状。（3）在妇女的性别角色上持支持女性主义和平等主义的态度更容易导致HB症状。（4）自尊与HB症状的关系不显著。（5）根据研究结果，我们认为理解HB症状的关键不是妇女如何评价自己，而是家庭关系问题造成的严重程度和她们持有的女性角色态度。

句子1并未对现有文献进行总结或批评，而是告诉读者论文的研究内容。因此，对应的右侧空白处最适合标记的代码是WTD。请再次注意研究问题是如何嵌套在WTD中的。如果我们要将断言转回成研究问题，那么应该是"中年韩国妇女怎样看待HB症状与她们的家庭关系，性别角色态度和自尊"。在句子2中和句子3中，作者提供了他们的研究结果（ROF）。这两个句子应该做上记号，因为这是读者要从本文收集的重要信息。读完摘要后，读者应当能够判定本文是否与自己的研究相关。如果学生要撰写的是与精神疾病和女性精神健康相关的论文，那么就应该将本文纳入文献综述之中。

可以看出，摘要的写作方法并非一成不变的。有的摘要提供SPL和CPL，有的摘要则不提供；有的摘要用两句话就说清楚了ROF，而有的摘要则专门为此留出5句。当学生不能确信一篇文章是否应纳入文献综述，并且论文题目中也找不到足够线索来判断与自己选定的主题是否相关时，则应首先阅读摘要，以便立足于你的论文的预定主题和目标，来辨识该文的主要研究发现（ROF）的相关性。此外,即使一篇文章已被认为相关,其纳入文献综述的资格已被认定,也仍然应该首先阅读摘要,因为这样你可以熟悉贯穿全文的论证逻辑,使你在阅读下面部分时能够做到熟谙于心,有备而来。

如前所述,一篇文章中的特定要素会在全文中一再出现。例如摘要、研究结果、讨论和结论等部分里都可能有ROF。与此类似,赋予一项研究以必要性与合理性的理论依据(RAT, rationale)在文中的位置也有一定讲究,绝非毫无铺垫的。不管是在推理路径还是在论证路径方面,一项研究都应做到逻辑清晰、顺序合理,给人水到渠成之感(Jordan 和 Zanna, 1999)。这种逻辑"结构"是在文献综述部分展开的,但它的影子在摘要部分中就已经若隐若现了。

阅读密码也可以用来指引学生搭建摘要的基本框架。可以用一个句子来描述 SPL,用另一个句子来叙述 CPL。而有了 SPL 和 CPL,GAP 就是顺理成章或不言而喻的事情了。同时 GAP 的提出又为 WTD 的出现铺平了道路。然后可以用一两句话描述 WTD,包括研究材料和研究方法。最后再用一两个句子叙述 ROF,其中最后一个句子是留给研究结果的启示的。这样一来,最少只用 5 个句子,学生就能够打磨出自己的摘要,而不用煞费苦心地琢磨摘要应该由哪些部分组成。

通过为文本中的词语、句子或段落加注,读者可以使自己的阅读系统化,将自己阅读过的内容按某些可预期的、意料之中的、可复现的模式进行组织和归类。

这一节里我向读者展示了该怎样读摘要,在下面的章节里,我将教大家使用阅读密码阅读一些长得多的文本板块。这样你就不用再对社科文章进行不着边际的散漫阅读,相反,你会发现阅读密码为你提供了文本、认知和概念方面的边界,使你免受盲目阅读和无序阅读之苦。通过与文本（和作者）的对话，社科文章的读者就再也不必迷茫地自问："我这半个小时都读了些什么？"

之所以会问出这个问题，如果不是文本实在过于深奥，难以解读（如雅克·拉康、伊曼努尔·康德、朱迪斯·巴特勒等人的著作），那就是阅读本身缺乏框架体系，造成了思路的混乱。

识别文本各部分的功能，然后将其标示在页面右边的空白处，这样做可以给读者带来三重好处：

1. 放缓阅读速度——阅读密码的使用有助于明确阅读任务，使思维更有条理，针对性更强，从而划定了认知边界；
2. 将阅读内容组织为一些重复出现的主题（如 SPL，CPL，GAP，ROF），以便写作时提取；
3. 识别潜在的 GAP，这样阅读者就能根据给定的 CPL 和 GAP 预测自己论文中可用的 RAT（参见第5章）。

● 如何阅读前言

顾名思义，前言总是出现在文章开头部分。要是出现在文章结尾，那它就变成结论了。社科期刊文献中的前言就像一幅蓝图或一幅地图——它为一篇文章的逻辑进路设定了路线。前言的篇幅比摘要长，又比文献综述短。一般来说，短则两段，长则四段，它们的组织和结构形式可以归入各种常见的模式。我们下面将要考察的前言来自发表在《刑事司法期刊》上的论文《种族、性别与杀人事件的新闻价值》（Greunewald，Pizarro，Chermak，2009）。

　　前言由4个段落组成。第1段第2句中,作者们写道,"学者们发现犯罪通常是新闻节目的重要内容,在全部新闻报道中所占比例为10%到50%[此处省略了引用来源]"(p.262)。这样的句子总结了文献的现状,因此在页面右边空白的地方应标示出SPL这一密码。前5句的实质作用是类似的,都是在对现有文献进行总结。接下来在第1段最后一句话中,作者写道,"尽管所受关注日益增多,但针对该决策过程的相关影响因素,现有文献中仍然存在着实证研究方面的空白……"(p.262)。上面这样的句子评论了现有文献(CPL),并指出了知识库中的一处空白(GAP)。这样,在一段之内,作者不仅总结了现有文献,而且找到了其中可供批评的缺陷和尚待填补的空白。

　　第2段第1句写道,"至今,仅有很少的研究[此处省略了引用来源]严肃考虑了杀人事件中受害者和犯罪者的性别和种族,或者两者的组合,是如何影响媒体的报道选择和重视程度的。也很少有研究考虑是否这些特征组合,而非事件本身的特点,提升了特定杀人事件的新闻价值"(p.262)。这个句子又指向现有文献中的一个可供批评的缺陷和尚待填补的空白:很少有研究考察性别和种族是如何影响新闻采写中的决策过程的。该段中剩下的句子又指出了现有文献中的其他缺点(例如评价新闻价值的标准,现有研究中拉美裔美国人样本的缺乏,对种族和性别的具体研究的缺失等)。至此作者已经在第1段提供了对文献的广泛总结,并在结尾处对其进行了批评。在第2段中,作者又提出了现有文献中存在的更多的空白(GAPs),这么做的意义何在呢?为什么应该重视这些空白呢?

　　作者们回答说"有几个理由能够说明对新闻价值评判标准的学术理解的重要性"(p.262)。他们列举了三个理由。"意义何在"这一问题的答案构成了研究的一个理论依据(RAT):我们提议进行的研究工作是师出有名的,不可或缺的,因为其他人还没有就这些研究空白进行过探讨。每一项研究和/或实验都必须能够回答这些问题。提出了三项理论依据（RAT）后，WTD（What They Do）出现在第4段：“本研究针对新泽西州纽瓦克市考察了谋杀参与者、事件特征与新闻媒体决策之间的联系”（p.262）。这里，又是WTD告诉了读者文章中所要做的工作。在文章中的剩余部分，作者将会填补他们找出来的空白。前言和摘要非常相似，都让读者稍微领略了文章后面将会呈上的全套大餐的风味。在前述的摘要中，前4段里最先呈给读者“领略”的模式是SPL→CPL→GAP→RAT→WTD。

注意，Gershenfeld（2014）发表在《教育研究评论》上的论文《本科指导计划评述》同样使用了该模式。与Gruenewald等人（2009）的论文相似，Gershenfeld论文的前言也由四段组成。在第1段的头两句里，Gershenfeld（2014，p.365）写道：

> 关于辅导的研究并没有跟上大学校园内本科生辅导计划（undergraduate mentoring programs，UMP）激增的步伐［此处省略引用来源］。设立UMP的目的各不相同，但一般都旨在加强学生参与和关系构建，从而提高学生的学习成绩和学校的学生保留率，和/或协助职业规划［此处省略引用来源］。

第1句中的否定表达形式表明该句可能是CPL，但也可能起的是SPL的作用。这种情况下，最好是继续阅读后面的内容。第2句明确无疑地起着SPL的作用，因此应该在右侧空白处标示相应的代码。第3句就更明确了：“然而，如果没有方法上严格和有效的研究，指导计划是否实现了预期目标是未知的”。（p.365）现在作者对本科生指导计划的研究状况进行了批评，她声称以前的研究没有用方法论上有效的方式评估指导计划的优点。CPL 的作用是从逻辑上指出现有文献的不足(GAP)。

Gershenfeld 识别出文献中的 CAP 之后接着会做什么呢? 我们来看句子 4:"由于高校在指导方面投入了大量财力和人力,因此,用研究成果来指导本科生指导计划的制订和改进是非常谨慎的做法。" (p.365)如果我们现在简单粗暴地问 Gershenfeld"意义何在",她将如何作答呢? 如果读者问她,为什么她的研究主题、论文和她识别出的 GAP 非常重要,她又将如何回答呢? 句子 4 给出了"意义何在"的答案。类似句子 4 这样的句子就是 RAT。注意接下来的句子:"本文是探讨 UMP 的影响研究的第三篇综述"(p.365),这就是紧随 RAT 之后的 WTD。

请注意这里重复出现的模式:在这段文字中,Gershenfeld 对本科生指导计划的相关研究进行了广泛的综述(SPL);对现有研究进行了批评,指出此类计划是否完成了预定目标尚未可知(CPL);陈述了解决现有文献中的不足(RAT)为何是重要的;以及她将如何修补这些不足(WTD)。逻辑上,WTD 出现在 SPL,CPL 和 RAT 之后。第 1 段引导读者从宽泛的 SPL 到了 WTD,这些内容都集中在精巧的一段之中,让读者"初尝"了论文后面将会呈上的全套大餐的风味。然而,大多数论文的前言在结构上都没有这篇这么优雅。

在接下来的两段中,作者对现有文献进行了综述(SPL),从多个方面对现有文献进行了总结,并做了细致的批评。然后在第 4 和第 5 段中,Gershenfeld 先写下了"本评述有五重价值"(p.365)的句子,接着她将这些价值详细地罗列出来:(1)她的论文对 UMP 的综述范围是从 2008 年到 2012 年,涵盖了现有文献未曾涉及的研究;(2)她使用循证标准评估了以往研究在方法上的严谨性;(3)她对现有研究中的导师这一角色做了评估;(4)她将社会效度纳入了衡量标准;(5)最后，她从现有的研究中找出了指导计划的关键特征。换句话说，Gershenfeld 提供了 5 个独立且明确的答案来回答"意义何在"这一问题。同时，这也是 5 个证明她的论文是必要且正当的 RAT。读者无须再思考她的文章和主题为何重要，因为她已经向读者提供了 5 个很好的理由。

Shumaker 和 Prinz（2000）发表在《儿童和家庭临床心理学评论》上的综述论文《行凶的儿童：一个综述》一文的前言由 4 个段落组成，第 1 段第 1 句是"尽管杀人的青少年已经在媒体报道和社科研究中受到相当关注，但对于 13 岁以下的犯有杀人罪的儿童仍然缺乏足够的研究"（p.97）。这里作者给出了文献综述（"杀人的青少年已经在媒体报道和社科研究中受到相当关注"）和现有文献批评（"但对于 13 岁以下的犯有杀人罪的儿童仍然缺乏足够的研究"）。至此，前言中第 1 段的观点的逻辑顺序可以用阅读密码归纳为 SPL→CPL→GAP。

如果文献中有空白（GAP），那又怎么样呢？这一缺陷为什么重要？为什么应该有人关注？考虑一下 Shumaker 和 Prinz（2000）的文章中对"那又怎么样"这一问题的回答："尽管青春期前犯罪者的比例很低，仍有几个理由应对其进行研究"（p.97）。他们列出了该主题重要并值得研究的 3 个理由：（1）年幼的凶杀犯给青少年司法体系带来了新问题；（2）青少年杀人比例已经翻番；（3）出于预防目的。这些都是保证他们研究重要性的理论依据（RAT），这里 RAT 再次紧随 GAP 而出现，因为观点的逻辑顺序决定了前言的结构组织。由于 Shumaker 和 Prinz（2000）所写的是一篇心理学期刊中的综述文章，所以第 3 段详述了作者在自己的综述文章中对于已发表研究的取舍标准。

在前言的最后一段中作者写道，"综述考察了青少年杀人的分类体系和标准，儿童杀人行为的预警因素，以及成年杀人犯，特别是成年连环杀手的儿时行为特征对青春期前凶杀案研究的启示"。(p.98)应该说本段的前几个字"综述考察了"预示了该句和/或该段将会与文章的主题相关——他们要做什么(WTD)。通过这四段文字,作者总结了现有文献(SPL),对其进行了批评(CPL),同时借此锁定了一个缺陷(GAP),作为使自身论文师出有名的理论依据(RAT)——为什么应该有人关注。最后一段告诉读者作者将会在论文中做什么(WTD)。

由此可见,前言和摘要一样,不能想到哪儿写到哪儿,它们有自己的逻辑形式和结构。作为大餐(文献综述,数据与方法,还有研究结果)前的开胃菜,它们提供了一份概要、一幅地图,让人了解文章下面会有什么内容。当学生阅读社科期刊文献时,应该注意厘清这些文章中内含的逻辑和框架。由前例可见,摘要按其组织方式来讲是可以预测的,是有迹可循的。读者应该将阅读密码作为界标,以便提示自己在下一页、下一段和下一行将会读到的内容。这样,摘要中所包含的观点将会在前言中显现,而前言中所包含的观点将会在文献综述中进一步展开叙述。只要在阅读过程中使用了阅读密码,学生们就永远不必自问"文章会向哪个方向展开"或"作者想要做什么"。得益于社会科学期刊文献的架构和组织方法,这些问题的答案将会自然而然、水落石出般地显现。

当学生们敏于阅读时,他们就会自问"这一充满张力的断言会不会在下面的部分给出详解?"(WIL,能否)。之所以会浮现这样一些问题,是因为读者已经预见到作者诸多潜在的逻辑进路及其论证的可能的路线图。如果这些作者未能对相关要点进行逻辑组织,读者就会察觉到,他们明显忽视了与先前文献的理论、概念或分析方法上的某一联系(MOP,明显的遗漏点)。有时读者可以"看到"的要点甚至在作者本人的意图或预测之外。你所读的文章中的这种疏漏未必都是局限或空白；这些要点可以在将来的论文中用作POC（批评点）——也就是说，成为待探讨的相关问题（Relevant Point to Pursue），并在你自己准备写的另一篇论文中被深入挖掘。

● 如何阅读数据与方法部分

期刊论文中的方法部分的主要目标之一是响应科学的特有要求——可复制性。也就是说，那些不管出于什么原因对某项研究感兴趣的人应该能够重现该研究，这种重现程度应足以使其质疑或证实这些研究结果。Jordan 和 Zanna（1999，p.464）认为，读者在阅读方法部分时应注意以下原则：（1）自变量和因变量是如何度量的，并且（2）这些度量指标是否准确反映了想要度量的概念。这就意味着，如果一名学生想要在研究方法方面对已有文献进行批评（CPL），那么现有文章或文献中的缺陷就成为了一种局限，一种空白，学生可以从该处入手，对现有文献的空缺进行补正（POC，批评点）。

参考一下 Piquero 等人（2010，p.157）是怎么度量32岁和48岁男人的"生活失败"的，他们的测度基础是就业史、社会关系、吸毒、精神健康状况、刑事司法记录和自我报告的不良行为。如果得分高，就被认为是生活失败；低分则表示生活成功。所以导致高分的是什么？如果男人的公寓或者家里很脏，或者过去五年内搬家超过两次，就会被算作生活失败。此外，如果男性没有与女性伴侣同居，或者过去五年内曾经离婚，或者没有"与女性伴侣良好相处"，也会被视为生活失败。如果男人自我报告在最近五年内有（除了盗用公物和税务欺诈之外的)不良行为,同样会被视为生活失败。关于生活的成功或失败还有六种其他的度量方式。尽管这些作为心理变态与反社会人格的测量方法都是学界公认的、广为接受的,但我敢说读者们还是有办法对其进行批评的。机敏的研究生有办法找到理由,说这些声称有效的度量方式没能精确地反映目标概念。你作为学生可凭借这些理由对文中使用的度量方法进行批评,而这些理由就成为POC(批评点,Point of Critique)的范例。或者你也可以对文中使用的统计检验挑毛病。如果先前的研究只使用了一种测度方法,你在POC中就可以指出只使用了一种测度方法,而你将会通过使用多种测度方法来填补这项空白。

Jordan和Zanna(1999)提供了详细的指导,帮助读者阅读量化研究的社会心理学期刊文献。然而社科期刊文献并不仅仅包含量化研究,关于数据和分析也有定性的(非统计的)研究方法。阅读定性/质性的社科期刊文献与量化研究的文献是有相似之处的。思考一下Stephen Lyng(1990)发表在《美国社会学期刊》上的文章《极限运动:对自愿冒险的社会心理学分析》。在这篇文章中,Stephen Lyng引入了一个新的概念来解释各种形式的自愿冒险活动(如特技跳伞和摩托车比赛);他在这一过程中充分吸取了社会学的研究传统(如马克斯、米德)。那么这个作者是怎样导入这个新概念的呢? 他使用了什么资料?

> 身为一名专门搭载跳伞者的飞行员,我可以亲身观察这一群体活动的最微小的细节。这些观察结果都体现在野外记录里,这些野外记录或是关于大多数周末时间跳伞区(联邦航空局批准在这些区域跳伞)的跳伞活动,或是关于特技跳伞者的社交聚会。这种亲身参与者取得的资料的准

确性，因对关键受访者的半结构性采访而得以保证。在这
些长达数十小时的采访中，都要求受访者描述和运动有关
的各种风险给自己带来的体验。（Lyng，1990，p.856）

Lyng对特技跳伞者进行了半结构性的采访，以这些受访者的答
案为资料分析基础。作者在资料中辨识出了三种复现的模式，借此
引出了三种分析范畴：(1)各种类型的极限运动；(2)和极限运动相
关的特定的个人才能；(3)和极限运动相关的高峰体验。注意这里
没有对自变量和因变量进行测度。这是因为在质性研究中，生成假
设比检验假设更为重要。在质性研究中——不管资料的形式是民族
志文本、采访的笔录还是历史文献——资料都被整理并依据归纳原
理归入不同的分析范畴，这也被称为扎根理论（Strauss，1987）。这些
分析范畴便是自文本数据中"浮现"出来的。

想要从分析范畴中提炼出POC，读者可以质疑作者引入的理论
概念的有效性。这种外延是否精确反映了作者想要反映的概念？也
就是说，Lyng列入极限运动的这些活动是否充分地反映了极限运动
的概念？此外，读者还可以纠缠于论文中给出的细节不足这一事
实。这样他就可以质问民族志学者采访了多少参与者？这些受访的
参与者是如何选出来的？采访持续了多长时间？受访者有报酬吗？
诸如此类的问题。这些都是有理有据的潜在的POC，可以在新文章
里作为补正现有文献的方法论空白的理论依据（RAT）。

如上所示，摘要在区区不到200个词里就为文章的主体要素提
供了简短的概要。一般的前言（非心理学论文的）在2~4段的篇幅里
详述了摘要里提示过的文章的各主要部分（SPL，CPL，GAP），但除此
之外还进一步明确地告知了读者作者将要在文章中做什么（WTD）。
文献综述部分（心理学论文中的前言部分）将会用广阔得多的篇幅

展示 SPL，CPL，GAP 和 RAT（见第4章）。方法部分介绍了研究中使用的材料、方法和程序。如果想要在方法方面展开批评，就应该围绕测度问题进行——自变量和因变量的测度以及意图用来反映某一特定概念的外延的准确性和等效性（Harris，2014）。在阅读过程中，读者无论何时只要发现两个问题中的任意一个有被质疑和争议的余地，就应该在其旁边标上 POC 这一密码。

第4章

意义何在？如何阅读文献综述和研究结果部分

以往的论文指南书籍已经达成共识：文献综述是研究论文中最重要的组成部分，不管对本科生毕业论文还是对博士学位论文都是如此。这一点也适用于期刊论文，因为作者正是在该部分对其他人的文献进行回顾，并使自己拟议的研究根植于他人的研究。此外，该部分还就对前人研究的批评提供了理论基础，证明我们——或者说你们——的研究是不可或缺、师出有名的。也就是说，在我们给出自己的"学术主张"（Vipond, 1996）之前，我们必须告诉读者有哪些作者进行过类似的研究，考察过类似的主题，并且还应该告诉他们，声称我们的研究"有足够的新意，丰富了××主题下的知识"的凭据何在。

如果没能充分阅读已有文献，那么我们在自己的论文中提出的观点或学术主张、论据、发现、结论，就可能沦为自说自话，因为这样的研究常常会在不经意间忽视前人的研究工作。这样一来，我们就无法察觉其他学者很久以前就曾有过的类似观点。简单说来，本科生和刚入门的研究生常常会就某个主题做"重新发明轮子"的无用功。然而，学术写作不应被理解为像"发明轮子"那样的推倒重来。相反，对计划开展的研究更准确的描述是"轮子的改进"。按照

Vipond(1996,p.39)的建议,不要"指望不经对其他学者知识的考察和理解就能扩展自己的知识。很少有完全独创性的主张,相反,它们常常维系于并脱胎于其他人的主张"。

学生在写论文初稿时会犯的基本错误之一,就是未能"深入"文献——前人的研究。一名菜鸟学生可能会出于自我保护而略去一位著名作家的名字,唯恐自己与这位"知名人士"唱了反调或意见不合,但这种忽略也有可能只是因为阅读量太小。学生们需要将引用理解为一种确认——无论赞同还是不赞同,并且这些引用就是学术生涯和学术行业中的货币。略去一个相关的名字或一位相关的理论家,会构成对学术界最高秩序的一种蔑视。因此不要害怕批评或发表异议。异议总比遗漏强,不管这种遗漏是有意还是无心。

在文献综述的写作方法方面有所著述的其他学者为之悲叹过一个事实,即学生们在文献综述中仅仅复述他人的研究。我们可以把这种做法称为制作"洗衣店接衣单"。Rudestam 和 Newton(2001,p.56)写道:

> 很多学生错误地认为,文献综述的目的只是让读者信服,作为作者的"我"了解他人做过的工作。出于这种误解,很多学生把自己的文献综述搞得像洗衣店的接衣单一样,被"史密斯发现……""琼斯认定……""安德森指出……"之类的句子充斥。

我在做学位论文时也犯过这个错误,还将其中一章投给了一家期刊。两位论文评议者都指出我的文献综述读起来如同洗衣店接衣单。洗衣店接衣单式的文献综述仅仅堆砌一些前人研究中的事实,并将其按照作者和年份排列,读起来啰唆而冗长,并且在期刊论文中会占用太多篇幅。最重要的是，洗衣店接衣单式的文献综述不能够辨识出不同文献之间在主题上细微的相似之处。所以罗列文献细目总会带来洗衣店接衣单式的问题。

必须按照某种逻辑联系来组织现有文献。Landrum（2008，p.96）教导学生要"根据共同的主导特点，如定性还是定量、研究目标、研究方法等，将研究文献和其他文献进行分类"。这一建议的意思是，你得把罗列作者的文献细目清单用某种方法体系加以归类。文献既可以根据其中的研究方法进行分类，也可以根据其中的概念体系进行分类。但是，仅仅靠堆砌作者和年份来陈述谁关于某个主题都说了哪些话，这种文献综述只能算合格了四分之一，根据主题和原理对前人文献加以概述，这才算合格了一半。如果还想要做到后面那一半，就必须有对前人文献的主题脉络方面的批评，借以找出知识基础上的空白，为自己的研究提供理论基础。总结其他人的研究，这是文献综述的前面一半工作，可以用现有文献综述（SPL）这一阅读密码"一词以概之"。SPL指的是对现有研究和著作的成果进行概述的句子、段落或页面。SPL要求大量的提炼工作，消化复杂的观点，然后将其浓缩为几段或是几句，有时候灵感大发，还能将其浓缩为一个词（参见第7章）。

● 如何阅读文献综述

文献综述在期刊文献中出现的位置，因学科不同而有差异。在大多数心理学期刊中，文献综述是作为前言的一部分放在前面的，前言（简要陈述文章的各组成部分）和翔实的文献综述因此合二为一了。而在大多数社会学、犯罪学和传播学期刊中,论文有独立且相应冠以标题的文献综述部分。不管文献综述位于期刊文献中的哪一部分,其职能都是相同的:对现有文献进行总结,对当前的研究进行批评以凸显知识空白,给出拟开展研究(就是你正在做的研究)的理论基础和必要性。下面我们来看一下文献综述是怎样谋篇布局的。

在 DiCataldo 和 Everett(2008)载于《国际罪犯治疗和比较犯罪学杂志》中的《青少年杀人和青少年暴力犯罪辨析》一文中,前言部分共由11段组成。第1段第1句写道:"当代美国青少年男性杀人案,特别是使用枪械的杀人案,已经成为媒体报道、社科研究和道德评论的焦点"(p.158)。该主题句对于青少年杀人案这一主题进行了简要但全面的概述。它让读者了解文章与什么有关,它还告诉读者,该主题受到了三类不同的利益群体的关注,该段中剩下的句子都是对这个开场白的支撑和例证。第1段和第1句可以作为SPL的范例。在读完本段之后,可以在它右边的空白处添上SPL这一密码。

第2段第1句话如下:"青少年谋杀基本属于法律术语,在一个国家的刑法典、法规和判例法内加以界定"(p.159)。读者们应该会预期,这句话后面的几个句子都会和青少年谋杀的各种定义有关。实际上,紧接着的下一句写道:"它不是像精神分裂症或病态人格那样的诊断术语"(p.159)。作者此处在介绍谋杀这一法律定义与用以诊断犯罪者心理状态的临床术语间的区别。注意第2句是对第1句的支撑与阐述。第2段中剩下的句子仍然是对两个术语的辨析。到此为止我们看到的是SPL,因此这一密码应该注明在该段右边的空白处。然后该段的最后一句话如下:"然而青少年杀人犯除了作为法律术语而存在以外,是否能够成为贴切的科学术语,这仍是一个实证问题"(p.159)。

很明显，最后一段中并未给出前人文献的概述，它之前的句子都以某种方式佐证了青少年谋杀的解释、定义和讨论方法（SPL）。但是最后一句所履行的却并非总结功能。它实实在在地指明关于青少年杀人的现存文献中有某种缺失：还没有人确定青少年杀人犯是不是一种"贴切的科学术语"。像这样的句子，也可以说它们指出了现存文献中的有待批评之处（CPL）和尚待填补的空白（GAP）。空白之所以存在，是因为还没有人着手研究这一主题，我们也可以说这句话是对前人文献的批评（CPL），这同样是因为还没有人着手研究这一主题。CPL 和 GAP 这两个阅读密码应该标在该句或该段旁的空白处（见图 4.1）。

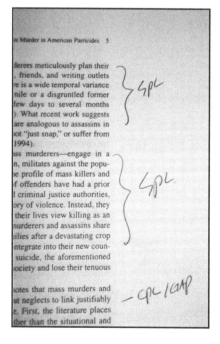

图 4.1

迄今为止,我们已经考察了一篇期刊论文中的两个段落。在这
两段中,作者将文献归结为两个主题:(1)青少年谋杀作为话题的重
要性;(2)青少年谋杀的定义。第 2 段的最后一句指出了文献中可能
存有的弱点或缺陷(CPL/GAP)。现有文献批评(CPL)对现有研究进
行批评并指出其局限。CPL 强调现有文献在理论、方法或分析层面
的缺陷。CPL 与 GAP 有着概念上的联系,因为 GAP 也具体指出了已
有文献中的不足。请注意 SPL,CPL 和 GAP 在结构和逻辑上的关联
方式。在批评某项事物之前,必须先明确其内容。虽然也有例外,
但大多数文献综述正是以此方式对文献进行批评的。论文的作者首
先得提供一系列观点、理论和先行研究者的作品。但如果把这些成
分都一一列举,并原封不动地搬到本科生的研究论文、硕士学位论
文、博士论文或是期刊论文中,那我们看到的就是一份"洗衣店接衣
单"了,而这正是任何文献综述的大忌。

DiCataldo 和 Everett(2008)就没有像罗列细目清单式地按照作者
和年份逐条堆砌文献,他们将阅读的文献融会贯通,发现了一些反
复再现的主题,然后按照这些一再出现的主题线索组织自己的文献
综述。将阅读的文献融会贯通,顾名思义,就是你得将所有指定阅
读的文献融合在一起,并有所创新。这个工作没有人能代替你做。
你既然身兼读者和作者两职,就必须依托所读文献创造出一些主题
脉络。这就是研究和写作的过程,亦即做学术的过程,乃是创造性
活动的原因所在。除了挖掘主题脉络,DiCataldo 和 Everett(2008)也
开始隐约暗示现有文献中存在缺失的内容。换句话说,他们已经不
知不觉地过渡到了对现有文献的批评,并使读者开始期待他们为自
己的研究建立的理论依据(RAT)。

从结构上讲,SPL 应该在 CPL 和 GAP 之前。当阅读期刊文献时,

CPL总是跟在SPL的后边。记住这个顺序是避免无序阅读的一种方法。读者们应该明白期刊文献中的观点组织是有一定的结构和顺序的：文献概述按照某种主题和原则进行主题介绍；然后再进行批评。如前所述，批评不能无中生有，总得有个靶子。就好像如果没有某部电影，那么针对这部电影的批评就不能也不会存在。

还有其他可以找到的线索来证明文中出现了CPL和GAP。《青少年杀人和青少年暴力犯罪辨析》的第3段第1句写道："青少年杀人犯背后的临床科学探索已经有一个多世纪的历史了"。其后各句更为具体地澄清了为什么说这一主题已经存续了至少100年，只不过以前的研究主要使用的是有限抽样法。然后出现在段末的是这样两句话："更近期的研究考察了更大的样本，但是常常未将非杀人的暴力犯罪者作为对照组纳入研究。一些方法更为精巧的研究出于比较目的而使用了对照组，**但是**选择使用了非暴力的青少年犯罪者这一值得商榷的对照组"（p.159）。注意像"更近期的研究"和"一些方法更为精巧的研究"这样的用词总结了现有的著作。在这些类型的句子中，前面那句做的是SPL的工作，后面那句做的是CPL的工作并引出GAP。将两个可比对观点连接起来的是析取标志"但是"。它们在文中起什么作用呢？

暂且假装你从暗恋对象那里得到了这样的回答："我喜欢你；我觉得你很了不起。你很温柔；你又好玩又友好……"我知道即使我还没有把话说完，很多读者都能猜到下面的话："……**但是**……"我们之所以猜得到，是因为我们当中有些人出身平平，形象又不那么可人，因此常常会听见那令人伤心的后半句话。实际上我怀疑当男人和女人听到这样的一串话——一串没头没脑、不期而至的溢美之词，而且往往跟在强烈的对话要求后面（"我们应该谈谈"）——他们的本能（而非头脑）已经告诉他们会有什么坏消息；"但是"一词印证了最初的怀疑,带来确实的坏消息——"我们只是做朋友就好"——为棺材钉上了钉子。

　　"但是"这一析取标志连接的是即将来临的拒绝——关于"只是做朋友"胜过做约会伙伴的大道理。换句话说,像"但是""然而""尽管""即使"和"虽然"这样的词,它们的任务就是使前后两句话之间泾渭分明,截然对立。因此,前面的话总是以 SPL 开头("我喜欢你";"更近期的研究考察了更大的样本";"一些方法更为精巧的研究出于比较目的而使用了对照组"),跟在后面的是 CPL/GAP("我们只是做朋友就好";"常常未将非杀人的暴力犯罪者作为对照组纳入研究";"选择使用了非暴力的青少年犯罪者这一值得商榷的对照组")。类似"但是"这样的析取标志的出现好像一种信号,告诉你CPL/GAP 已经呼之欲出了。如上所述,在文献综述中 SPL 总是位于CPL 之前。像"但是"和"然而"这样的语法析取标志是很好的警报,预示着第一个句子或段落中提出的观点将会在第二个句子或段落中受到批评,或者被限定在更窄的范围内。除了留意在文章结构中所处的位置之外,寻找划分观点的语法标识是使阅读系统化的另一种方法,可以使读者预知批评的出现。

　　这种模式适用于犯罪学以外的其他学科吗? SPL 是否总位于CPL 之前? 析取标志能否充当 GAP 出现的先行信号? 请考察以下节选自 J.S.Kim(2001)发表在《高级护理》上的《韩国需要护理的家庭中的儿媳》一文的内容。文献综述第 1 段的第 1 句写道,"家庭护理的动力及其对家庭成员产生的健康后果可能因文化而异,因为护理行为可能反映了一个国家的现有文化"(p.401)。此句既未对文献做任何批评,也没有陈述作者自己的研究结论。然而,它总结了作者就该主题所甄选的文献。因此,应该在合适的位置标记代码 SPL。第 2 句写道,"韩国的家庭护理受到多种社会文化因素的影响"

（p.365）。阐释了第1句话中暗示的主题。第1段可以按主题将其编码为"为什么儿媳是护理者"，以反映整个段落的内容。其余段落继续解释为什么韩国的儿媳妇必须照顾夫家的年迈父母。

于是，为什么在韩国儿媳不得不成为护理者？Kim（2001）在文献综述中解释说，在深受儒家孝道思想影响的韩国文化中，长子必须承担起照顾年迈父母的责任，于是其妻子就被默认为应该扮演护理者的角色。Kim写道，道德规范的期望和社会压力迫使儿媳妇接受她们作为护理者的性别角色。关于韩国家庭社会组织的背景知识，工业和社会变革如何改变妇女在社会中的角色，以及护理的背景知识，这些内容在文献综述的六个段落中均有涉及。现有文献中关于西方社会中儿媳作为护理者的研究表明，她们所承受的负面健康水平最高。但是，如前所述，仅仅总结文献是不够的，文献中一定存在不足之处，这才促使Kim对韩国社会中儿媳作为护理者的现象进行研究。Kim提出的CPL是什么呢？

文献综述最末一段的第1句陈述道，"在韩国，尚未有人对血亲和姻亲关系的差异进行研究"（p.402）。也就是说，当人们从西方社会视角研究儿媳作为护理者的时候，韩国社会的儿媳作为护理者这一研究还是空白。这种批评是有道理的，在韩国——或任何其他国家和文化背景下，护理工作可能因文化、社会和经济方面的原因而有所不同。现在，请注意CPL是如何在前言中重复出现的。下面的语句出现在前言的第2段中：

> 现有的西方研究认为儿媳护理者承担了照顾公婆所带来的最大不良健康后果［此处省略引用来源］，并发现儿媳护理者对其公婆的帮助比具有血缘关系的护理者少［此处省略引用来源］……在韩国，尽管儿媳在护理者中占了相当

大的比例,而且其所面临的风险状况不断增加,但作为护理者的她们还没有得到广泛和系统的研究……然而,还没有针对韩国文化背景下照顾残障老人的儿媳护理者的健康状况的研究。(p.400)

　　注意,SPL 出现在 CPL 之前:现有研究表明,和血亲相比儿媳护理者对公婆提供的帮助要少。从发展的观点来看,上述发现既符合逻辑也符合预期。然而,由于文化原因(即韩国的儒家文化)这个结论却不适用于韩国。这个断言就是 Kim 对关于护理的文献中 CPL 的基础。SPL 再一次出现在 CPL 的前面。更进一步地,析取标志预示了前因之后的对比点。虽然文献综述没有引导读者看到 CPL 是如何从 SPL 中产生的,但在前言中存在这种模式。如果我们问"意义何在",Kim 会给出什么答案? 来看接下来一句话:"由于对这个话题知之甚少,有必要进行一项研究,探讨在韩国社会文化背景下照顾残障公婆的儿媳护理人员的健康状况。"(p.400)这句话将构成她论文的 RAT。虽然 Kim 只提供了一个 RAT,但她其实可以提供更多的RAT 来突出她研究的重要性。

　　例如,根据裙带关系的演化规则可以预测,儿媳和婆婆这两个没有血缘关系的家庭成员之间发生暴力冲突的可能性会不断增加。首先,根据暴力理论的演化规则,对儿媳而言,作为父系居住结构的一部分而生活在夫家的家庭成员中间,会将其置于暴力的风险中。其次,或者作为同一家庭中的共同居住者,或者由于护理而长期接触,婆婆和儿媳之间有可能出现家庭不和,从而增加暴力表达的风险。最后,儿媳作为护理者有可能成为弑亲犯,这是因为普通的护理可能会变成虐待老人,进而产生致命的后果。从犯罪学的角度来看,对韩国社会中的儿媳和护理的研究可能就有意义,读者们能获得一个来自护理和健康的理论依据。这一个RAT就足以让读者相信，为什么有必要对韩国的儿媳护理者进行研究。

Hu和Ma（2010）发表在《创新高等教育》上的文章《大学指导和学生保持：华盛顿州成就者计划的研究》中的文献综述由五段组成。首段的第1和第2句是这样写的："几十年来，政策制定者、机构管理者和研究人员对大学生坚持完成学业的情况感兴趣[此处省略引用来源]。关于大学生坚持完成学业的最著名的模型之一是Tinto提出的整合模型。"（p.330）这两句话向读者介绍了宽泛的SPL。第1段综述了Tinto已经完成的研究；Tinto所完成的研究形成了第1段中的SPL。"整合模型"一词恰当地从主题上简洁地总结了本段的内容；使用"Tinto模型"作为主题代码词也行，因为这个模型是由Tinto提出的。

在第2段中，Hu和Ma（2010）讨论了几个替代模型，以及模型的优势和劣势。在第3段中，作者继续讨论了教师指导在大学生坚持完成学业中所起的作用。除了在文本右侧空白处标示SPL之外，在左侧空白处还应用一两个词标示主题代码。于是，在第4段中，作者写下了以下句子：

> 有几项研究考察了教师指导与学生坚持完成学业之间的关系，总体结果表明，指导对学生坚持完成学业有重要的积极影响[此处省略引用来源]。然而，这些研究的重点是指导计划的影响，而没有研究指导的各个具体层面。因此，它们没有调查学生的背景特征与指导的不同层面有什么关系，也没有调查指导的不同层面如何影响学生坚持完成学业。（p. 331）

文献综述最后一段的最后两句,是这样写的:

> WSA［华盛顿州成就者］计划所提供的指导的各个层面反映了 Freeman(1999)以及 Nora 和 Crisp(2007)所确定的领域或特征。然而,目前还不清楚 WSA 计划的不同指导要素如何促进了学生坚持完成学业,而这正是本研究的重点。(pp. 331-332)

由此可见,SPL 出现在 CPL 前面,重复了在其他学科的文献综述中的模式。同样地,"然而"这一析取标志预示着 CPL 将会紧随 SPL 之后。学者们可能还有其他技巧来对文献进行总结和批评,但我发现文本的结构组织和提示概念转折的语法标志在阅读过程中是很好用的启发手段。这样一来,甚至还用不着煞费心思地考量句子的内容、它们在文本结构中的位置及其提供的语法线索,仅仅通过句子形式的考察,我们就能判定第二个句子在批评第一个句子——和第一个句子的观点截然相反。理解一篇期刊论文中句子和段落的功能,这是将自己在文献中读到的信息进行组织的第一步。这样,甚至还用不着阅读句子的内容,我们就知道文献综述中的第一个句子如果像下面这样以"多项研究验证了……""WAS 计划所提供的指导的各个层面……""根据 Tinto……"开头,就会是对前人文献的综述(SPL)。"然而"这一析取标志提示句子中剩下的部分将会与前面的 SPL 唱反调。同样的道理,一个句子的开头如果是"尽管""哪怕有""但是""不幸的是""让人遗憾的是"或"可悲的是",那它就是以前置的析取标志连接 SPL 和 CPL,依然遵循着 SPL→CPL 的模式。这也正是 SPL,CPL 和 GAP 的逻辑关联之所在。阅读密码可以充当阅读社科期刊文献时的简明指引。

Hu 和 Ma（2010）对关于学生坚持完成学业的现有文献的批评点（CPL）是：之前的研究者未能深入研究"学生的背景特征与指导的不同层面有什么关系"，以及这项缺失是如何导致研究者忽视指导的其他层面的。Hu 和 Ma（2010）进一步指出以前的研究者忽略了"WSA 计划的不同指导要素如何促进了学生坚持完成学业"。换句话说，Hu 和 Ma 回顾了关于学生坚持完成学业的文献，注意到了文献中缺少一些东西。这些缺失的东西构成了文献中的 GAP。这些 GAP 的存在为 Hu 和 Ma 开展研究提供了必要的理由（RAT）。这就是他们进行研究的原因。

有的期刊（以及有的作者和学科）将概述和批评分门别类地放入各自不同的部分。例如，Dixon 和 Linz（2000）将其发表在《交流研究》上的《种族和地方电视新闻中对受害情况的错误描述》一文的文献综述归纳为以下主题范畴：（1）对白人受害情况的夸大；（2）受害的标志；（3）受害者的跨群体比较；（4）受害者的跨角色比较；（5）跨群体和跨角色测度的功用；（6）跨实境的比较。这里请再次注意作者们没有做的事情。他们没有一个作者接着一个作者，一年接着一年地进行接衣单式的文献列举。他们将关于种族、媒体和犯罪的浩如烟海的文献归入上述六个种类，而这种分类对于他们的研究目标而言是意义深远的。Dixon 和 Linz（2000, pp.553-554）接下来专门另起一节以论述前面文献综述一节的局限："本节尝试克服考察种族和受害情况的已有研究的几处局限。在本节中，我们列出了这些已有研究的三种局限以及本文对应的改进方法。"凭借对现有文献的分类和讨论方法，你甚至能够对批评内容有所预测。这种结构格式方便了对海量信息的阅读和组织，因为我们读者不用再扮演文本侦探的角色。但即便这种格式也遵循着此处规定的通则：SPL 在前，CPL 在后。当然这还是因为要想对某些研究进行批评，先得让读者了解这些研究的内容。在这一过程中,GAP 自然会浮现。

　　GAP 在概念上和 RAT 相连。由于知识现状中存在这些缺陷之处,所以如果有研究能够填补知识库中的这一空白,那这种研究就变得师出有名,势在必行。因此如果有人问"意义何在?""为什么别人要在意你的研究?"答案就应该是对 CPL 和 GAP 的一种承袭。如此而来,如果有人问到你的研究(本科毕业论文、研究生学位论文,博士生学位论文)的意义,你就可以模仿以下套路来演练你的回复:

　　　　我的研究是有益的,因为(1)几乎没有人进行过这样的研究,(2)进行过此类研究的人使用的测度方法不对,或统计检验有误,或问题界定有误,而且(3)他们的研究几近于研讨会上的空谈。

　　在期刊文献中,对"意义何在"式的问题的回答通常会是 3~5 个精心论证的理论依据(RAT)。

　　针对"意义何在"这一问题,Dixon 和 Linz(2000)列举了三个与 CPL 和 GAP 有逻辑关联的答案:(1)以前的研究只使用了一种测度方法。该句可作为 CPL/GAP 的一个实例。那么这一空白会怎样纠正呢?"本研究使用了多重指标"(p.554),多重指标的使用是 1 号 RAT。(2)"很少有研究分析电视新闻对拉丁裔的刻画",该句可作为 CPL/GAP 的另一个实例。那么这一空白会怎样纠正呢? 该研究对拉丁裔进行了分析,对拉丁裔的分析是 2 号 RAT。(3)还没有人考察洛杉矶的电视新闻。该句可作为 CPL/GAP 的又一个实例。那么这一空白会怎样纠正呢? 我们当前的研究对有大量拉丁裔居民的洛杉矶进行了考察,这是 3 号 RAT。文献中的三处空白及其对应的纠正方法充当了 RAT——研究的理论依据。在一篇合格的文献综述中，你必须对文献进行回顾和概述（SPL），并对其进行批评（CPL），而批评的方法就是找到文献中的弱点和缺陷（各种GAP）；对这些空白的纠正就构成了你拟议的研究的理论依据（RAT）：SPL→CPL→GAP→RAT。一篇优秀的文献综述——而非一张接衣清单——大致遵循上述体例。

Rudestam和Newton（2001）写道，文献综述不仅仅是已有文献的简单罗列。如前所论，到这里只完成了文献综述一半的任务。一篇优秀的文献综述应该让读者提前领略终点的风景。用Rudestam和Newton（2001，p.58）的话说，"看完文献综述，读者应该能够得出结论说'对啊，当然了，眼下就是需要有这样的研究来把这个领域的知识边界稍微向前推进一点'。"说出"对啊"的那一刻之所以能够来临，就是因为SPL→RAT这一进程以逻辑清晰、主题连贯、符合预期的方式展开。各门学科的推进并非一日千里的，它们是步步为营，由各项研究逐一推进的。每一项研究都对车轮作了一点点改进。当读者读完SPL，CPL和GAP后，对于RAT，对于有待检验的假设或论证之中的观点，他应该能有所预期。当学生写作时，他们论文的逻辑结构应该遵循上述进路，这样当读者读完上一项，就能够期许和预测下一项。

例如White，Bateshe Buyske（2001，p.601）发表在《变态心理学》上的论文考察了从青春期到成年期的犯罪轨迹，并验证了两个假设：

> 以针对孩提时期至青春期的顽固性犯罪的现有研究为基础，我们假设有三种犯罪轨迹有待确认……我们还假设仅限于青春期的犯罪和从青春期至成年期的持续性犯罪在神经心理机能、个性风险和环境风险等选择标准方面有差异。(p.601)

作者是怎么得出这两个假设的呢？这个领域中最重要的理论家是发展心理学家 Terrie Moffitt(1993a,1993b),他宣称对于大多数犯罪者而言,犯罪都是暂时的,但是在某些人身上,它会一直持续到成年期(SPL)。该论文将 SPL 归入三个主题:(1)神经心理功能障碍;(2)人格;(3)不利的环境。White 等(2001,p.601)接下去写道:

> **但是**,在区分仅发生于青春期的暂时性犯罪和青春期至成年期的顽固性犯罪方面,这种分类法能发挥多少功效,人们却知之甚少。……**尽管**已经发现神经心理机能和个性特征有助于区分始于儿童期的和始于青春期的犯罪行为,还很少有研究考察它们能否区分青春期后仍持续犯罪的个体与青春期后停止犯罪的个体。(p.601;粗体为本书作者所加)。

White 等人总结了文献(SPL);指出了已有研究的局限性(CPL);还辨识出了文献中的一个不足之处(GAP);并且通过指出已有文献的缺陷,作者提供了一个隐含的理论依据(RAT),让人们知道他们的工作为什么是不可或缺、师出有名的。如果真有人站出来问他们"意义何在",他们就会回答说没有人知道"这种分类法能发挥多少功效",并且"很少有研究考察它们能否区分青春期后仍持续犯罪的个体与青春期后停止犯罪的个体"。对"意义何在"式问题的这些答案,就是他们对于文献空白的纠正方法。从这一逻辑推理链条中,假设得以浮现。假设的现身并非一种无中生有的魔术,因为作者常常会小心地吊起读者的胃口,让他们对自己的假设有一种预期,对自己的逻辑推理有一种把握,而这种引导是通过现有文献综述

（SPL），文献的局限和批评（CPL）和文献的空白（GAP）一步步实现的。既然作者以这种方式对自己的观点进行打磨和组织，那么假设的提出也就是水到渠成、众望所归的了。也正因如此，当读者看到文献综述的结尾处，才能够"得出结论说，'对啊，当然了，眼下就是需要有这样的研究来把这个领域的知识边界稍微向前推进一点'"（Rudestam 和 Newton，2001，p.58）。

● 如何阅读研究结果部分

　　研究结果这个部分可能是最容易读的，因为作者仅仅是列出自己的发现而已。Sampson（1987，p.377）在发表于《美国社会科学》上的《都市黑人暴力：男性失业和家庭破裂的影响》一文中报告了以下研究结果："尽管男性失业对于犯罪影响甚微或全无影响，但其对家庭破裂的总体影响却是最强的，而家庭破裂又是黑人犯罪最为有力的预测指标。"研究结果部分的如上断言构成了一种"知识主张"，应该在其右边空白处标上"研究结果"（ROF），以示相应的重视。ROF描述了你所读的文章的基本研究结果。考虑到作者对已有文献的总结和批评，这一特定发现是意义显著的，因为已有文献把美国的黑人犯罪解释为一种亚文化中的一部分，这一定程度上容忍和助长了暴力。Sampson 在该文中对这样的观点进行了批驳。

　　在社会科学期刊论文中，ROF 是最重要、最容易获得以及最显而易见的信息。原因很简单，在绝大多数社会科学期刊论文的摘要、结果、讨论与结论等部分都会出现。在一篇期刊论文中，它们可能重复出现至少三次。应该对主要的 ROF 进行标示、做上记号和注释，因为它们就像是期刊论文的金块一样；是论文想要讲述的"内容";包含了作者的中心论点,也就是大家可以引用的东西。对学生而言,ROF可以变成他们论文中的 SPL。我之前所列举的期刊论文中有哪些著名的 ROF 呢?

DiCataldo 和 Everett(2008)在其论文(发表于《国际罪犯治疗和比较犯罪学杂志》)结论部分提出:"在一些犯罪变量上,非凶杀组比凶杀组有更严重的犯罪史。"这样的 ROF 之所以重要,是因为它和我们的直觉相违背,并且支持已有文献。Pritchard 和 Hughes(1997,pp.58-60)在其研究结果部分报告说(发表于《传播学刊》):"杀人案受害者所属的种族几乎完全符合基于种族因素所做的预测";而且"对新闻价值最一致的预测因素是受害者是儿童或老人"。这些 ROF 之所以重要,是因为作者发掘出了被其他人视为当然的报纸新闻的报道模式。

J.S.Kim(2001)在其发表于《高级护理杂志》上的论文中报告称,关系类型不是预测护理者健康状况的重要指标,女儿和儿媳的状况相似。这些发现之所以重要是因为人们预期配偶这种非血缘关系的亲属在护理家庭成员时会承受更多的健康问题。Hu 和 Ma(2010)在《创新高等教育》上发表了他们的研究结果,即大学生的教育愿望是解释教师指导的有效性和学生坚持学习的显著因素。他们还报告说,父母中至少有一人拥有大学学历的学生更有可能寻求指导老师的支持和鼓励。这个发现值得注意,因为最需要鼓励和支持的学生(父母从未上过大学的家族第一代大学生)可能是看上去最不想寻求指导老师支持的人。

所有重要的、与写作目的相关的 ROF 都应高亮标记,用下划线标注或以其他方式强调;在右边空白处添上 ROF 这一密码,这样一来,你即便是在好几个月之后再回过头来查阅主要研究结果,也能通过 ROF 密码的指引准确地找到相关内容。学生不应该为了弄清文章的"内容"而重读全文。相反，他们要能找到期刊论文中最重要的部分——突出标示的部分——并弄清楚作者到底提出了什么主张。ROF很重要，是因为学生需要对它们进行综合并整合到自己的文献综述里面。学生读到的ROF将成为他们论文的SPL。

● 从ROF向SPL的过渡：直角转弯

如前所述，阅读密码是为了方便读者进行批判性阅读，它有助于理解社科期刊文献这一特定类型的文本中，句子和段落所具备的功能。通过将有关密码标在右方空白处，读者能够进行总结（SPL）、提出批评（CPL）、辨识缺陷（GAP）和培育批评点（POC），从而实现主动阅读。简单地说，以往学者提出的大而化之的"批判性阅读"和"批判性思考"的建议，在本书里被融入了操作性密码，完全可以在阅读行为中得以施展。当轮到学生自己来写文献综述时，他们都必须按照自己在社科期刊文献中所读到的他人作品依样画葫芦。阅读密码是为了帮助学生积极主动地对文本进行批判性的参与，从而提升自己，而这种阅读行为中的主动参与方法不是别的，正是总结、批评、寻找空白，并有意打造出自己对知识的独有贡献。

让我们以一名高年级本科生为例，她正在撰写一篇关于个性和犯罪关系的荣誉学位论文，并且已经找到了最近10年发表的30篇与之相关的期刊论文。她应该怎样组织自己文献综述呢？

首先，她所阅读的文章中的ROF会成为她自己论文中的SPL。之所以这么说，是因为在搜索PsycINFO或其他任何数据库时，她所找到的30篇关于个性和犯罪间关系的文章构成了——或者说就是——现有文献。那30篇文献的作者一定阅读过该领域其他研究者所撰写的原创性的研究文献,而他们各自所读过的那些文献就成了各自文章中的SPL。这30名作者找到了文献中的CPL和GAP,并且打算通过原创性的研究来填补文献中的GAP(这也正是他们文章的RAT)。这些原创性研究的结果构成了他们论文中的ROF。因此,这名高年级本科生的第一步就是浏览这30篇文章,弄明白所有的这些ROF有什么共同特点,因为这些ROF将成为她的SPL。关于这一点,我们可以再一次参考Landrum(2008)的看法,他告诉我们"要根据定性还是定量、研究目标、研究方法等共同特点将研究文献和其他类型的文献进行分类"。其次,这个学生还必须得找到解析出内容中不同主题的通用模式。学生们一旦阅读了足够的现有研究,他们将能"看出"文献中的主题模式。如果采用了阅读密码组织表(RCOS),文本左侧标示出的主题代码将能让学生对手头的现有文献进行一目了然的检视。她最不应做的就是一一列出这30位作者,这样会带来接衣单式的问题。总之要如何挖掘你所读的这30篇文章才能对你的写作过程有所助益,这是有一定规律可循的。

我们假设中的这位就个性和犯罪间的关系撰写论文的学生可以采取以下的方法入手:浏览这30篇论文,略读其右侧的页边空白处的阅读密码,找到所有的SPL。然后细察相应的句子和/或段落,并在所印文章的左边空白处标注简明扼要的主题提示或词句。例如在 DiCataldo 和 Everett(2008)关于青少年杀人的文章中,应该用3个词来概括我们所摘引的3个段落:(1)重要性;(2)定义;(3)时间——或者思路类似的表达。而对于Dixon和Linz(2000)的文章,应该用5组词/短语来概括相应的句子和段落的主题:(1)对白人的夸大;(2)受害的标志;(3)比较;(4)跨群体/跨角色;(5)跨实境。主题密码可以在第一遍阅读时和阅读密码同时标注，也可以留待以后进行。如果两者同时进行则需要练习。如果读者还没有熟悉阅读密码的使用，还没有习惯在阅读时使用阅读密码，那么左边的主题代码标注就应该留在读完第一遍后进行。在努力想办法进行自己的文献综述时，主题密码和相应的总结应该能够指引你准备自己的文章。这位学生在阅读这30篇文章之后，其中SPL的组织方法可以提供架构和引导，帮助她实现从（别人的）ROF向（自身的）SPL的转换。通常，学生在阅读第12篇论文到第15篇论文期间，开始发现现有文献的某种模式。一旦学生读完了15篇期刊论文，他们将会开始理解文献中的辩论，注意到其中反复出现的主题，以及该领域的重要理论家。出现次数最多的SPL和主题代码将会提示学生，应该把这些主题纳入自己的文献综述中。我们应该可以把这种向SPL的转向称为转直角弯吧？毕竟，别人发明的轮子就在那儿，为什么要费尽力气再重新发明一次呢？

　　写作过程中的第二个步骤的核心是：琢磨出对现有文献进行批评的切入点，以便名正言顺地撰写你自己的论文。文献中的缺陷塑造了你的研究问题；你的论文试图弥补现有文献中的不足。你并非"只是"撰写一篇研究论文或者"只是"提出你自己的观点，你是要在现有文献中空白之上"呈现"出你的主题。你须得回答"意义何在"这一问题。但应该怎样着手找出现有文献的局限性和空白之处呢？浏览这30篇期刊文章，找出所有的GAP。问自己，这些GAP中存在什么模式？以这些GAP为基础，可以打磨出什么样的批评点（POC）？POC就是你读或没有读过的文章中的一处缺陷，且你有能力进行相应的弥补工作。随着经验的积累，POC会很容易地被找到，因为它是需要时间来培育和提炼的——得有多年的持之以恒的阅读才行。

学生应该参考那些针对提高对现有文献进行批评提出了建议的图书和文章。例如,Crasswell 和 Poore(2012)建议学生在阅读时遵循自己的直觉。Lipson(2005)建议本科生关注文献中没有提出或追问的问题,并且他们的本科论文应该探讨这些问题。Harris(2014)认为,对社会科学期刊文献进行批判的一种更系统、更具启发的方式就是检查以下内容:(1)定义——是否缺乏共识,是否模棱两可;(2)测量——关注变量的不一致、变量选项和对变量的选择;(3)变量之间的因果关系;(4)道德;(5)政策影响。Harris 的书很好地介绍了社会科学期刊论文的典型批评方式。

还有一种方法,那就是让学生就自己的研究目的进行评论。低年级的研究生和高年级的本科生一开始写研究论文时,还没有培育POC 的经验。但是初学者可以通过充分利用阅读密码来培育出自己的POC。

再次浏览这30篇文章,首先仔细搜寻CPL。如前所述,CPL是对SPL的一种批评。之前的作者——所要阅读的这30篇文章的作者——是以什么为根据来对SPL进行批评的? 这30篇个性与犯罪关系方面论文的作者们,他们将SPL转换为CPL的方法有没有什么共同之处? 答案通常是肯定的。使用这些现有的主题来培育你自己的POC。然后,再检查一下右侧的页面空白,找到所有的对未来研究的建议(Recommendations for Future Works, RFW)。它们是帮助你找到文献中研究空白的指示牌。这正是作者将其置于自己的结论部分的原因——因为文献中还有尚待填补的空白。

用好REW(对未来研究的建议),以及SPL转换为CPL的模式和趋势,就可以按部就班地组织出独具你自己研究特色的文献综述。

RFW 是形成你自己 GAP 的捷径。沿用其他人的现存模式来构架自己的论文，这可以称为转直角弯。这种转向并未逆转或颠覆现有的观点、理论或评议，因此算不上范式转换。你只是简单地在 SPL 和 CPL 间略作转换，即可从现有文献中独辟蹊径，使你自己要做的研究师出有名。这也是仔细阅读讨论和结论部分为什么非常重要的原因。

第5章

融入学术界：如何阅读讨论和结论部分

在前面的章节中，我曾指出学生们写论文时常常会犯的基本错误之一，就是未能将自己的作品与前人的研究建立起联系。令人遗憾的是，这一问题并不仅限于本科生和研究生，新科博士生们，甚至经验丰富的学者们有时也不能将自己论文的根系扎入前人的研究。我也不例外。我之所以犯过而且会继续犯这一错误，是因为我阅读的数量或者广度不够。前面的章节中我也曾提出，为了在文献综述中与别人的研究建立联系，必须要做两件事：(1)总结他人已经做过的研究工作(SPL)，以及(2)找到文献现状中的缺陷，作为你自己的批评的一部分(CPL，GAP)。一旦完成了对前人研究的讨论和批评，就确立了了自己的理论依据(RAT)，说明了自己的研究(如荣誉学位论文、硕士学位论文和博士学位论文)为什么是师出有名，势在必行的——拟议中的研究之所以必不可少，是因为它能够填补文献中存在的知识空白。一旦你能够为你拟议中的研究进行辩护，说明其为什么是必需的，你就可以启动数据收集过程，分析数据，最后将研究结果作为荣誉学位论文、硕士学位论文或博士生学位论文的一部分提交。

正如我在本书中指出的那样，学生们必须阅读的社会科学期刊文献也遵循如前所述的大致模式（SPL→CPL→GAP→RAT）。当作者通过对其他文章的批评为自己的研究提供了理论依据之后，他们必须对数据和分析数据的方法进行描述。当介绍完数据和方法之后，作者就会在结论部分提交自己的发现。提交了结果之后，又该干什么呢？在几乎所有的社科期刊文献中，作者都会向读者提供讨论和/或结论部分。本章教学生如何阅读这一部分。

论文的讨论部分是结合现有文献对研究结果（ROF）进行说明和解释。一项研究的结果（ROF）要建立在作者对现有文献的综述和批评的基础上，才有自己的意义。而结果部分则只是对研究发现进行概况陈述，一般不附加任何评论和发挥。如果说文献综述能够将（"附身"于先前研究者论文上的）过去带入现在，带入当前研究，从而使读者融入某一学科或某一主题的历史，那么讨论和结论部分就是要带着当前的研究发现穿越过去，回到未来。文献综述部分是通过指出已有研究存在而当前研究志在克服的缺陷，来使过去委身于现在；讨论部分则是通过在过去研究的背景下阐释当前结果，来使现在委身于过去；同时，当前研究的缺陷被托付给了其他可能有志于将来填补这些空白的学者。这样一来，以过去观照现在，以自省式批评为未来研究提供RAT，讨论部分就带着读者穿越了三个时间阶段——过去、现在和未来。

例如 Glatthorn 和 Joyner（2005）指导论文写作时说，在写讨论那部分时应自问，研究"意味着"什么。为了帮读者做到这一点，他们提供了一些用以指导写作——在我看来也就是指导阅读——自己论文的讨论部分的颇有助益的问题："当前研究和已有研究之间的联系"在何处？研究的"理论意义"是什么？有没有研究者能够提供新的洞见？有没有需要自圆其说或重新解释的意料之外的发现？正如

Jordan 和 Zanna（1999）所指出的那样，讨论"可能会特别有趣，如果结果不完全如研究者的预料"。此外，当前研究的局限性在哪里？对未来的进一步研究，可以给出哪些建议？如果说一篇漂亮的文献综述是通过站在先行的研究者和学者的肩上，来向他们致敬的话，那么，讨论和结论部分就是通过将目前的研究结果与过往的研究进展联系起来，来行使类似的职责。这也是知识断言总是脱胎于他人断言的原因：在概念、方法和时序上，它们都承载着自己学科领域的起伏和演进。知识断言并非，也不能从零开始。先行学者指导作者在撰写讨论部分时思考的那种种问题，也可为阅读期刊文献的学生所用。在本章中，将对与结果和讨论部分关系最密切的阅读密码（即RCL，RTC，RFW，RPP）进行讲解和讨论。

● 如何阅读讨论部分

不同的社科期刊文章中，文献综述的位置可能略有差异，但讨论和结论部分几乎无一例外出现在文章的结尾部分——道理就跟前言必须得放在文章的开头一样。下面引用了一些论文讨论部分的段落，借以向学生传授如何阅读讨论和结论部分。为了描述讨论部分中每句的功能，同时也出于定位简单、讨论清晰、对照方便等考虑，每个句子都依序编号。在 DiCataldo 和 Everett（2008）载于《国际罪犯治疗和比较犯罪学杂志》的《青少年杀人与青少年暴力犯罪辨析》一文中，讨论部分共由10段组成，其第1段开头如下：

（1）本研究旨在确定能否真正从非杀人的暴力青少年犯罪者样本中区分出青少年杀人犯。（2）研究的总体结果与大众媒体对青少年杀人犯的常见描述相异，与一些被以谋杀罪起诉或判决的非杀人犯罪者相比，青少年杀人犯常被描述为通过观察可辨识的超级掠食者或冷血的精神病患者或变态者。(3)在本研究中，非谋杀罪犯在许多分析变量上更为负面。(4)他们通常犯罪生涯开始更早，犯罪次数明显更多，暴力犯罪次数也更多。(5)非谋杀罪犯常常有更为不稳定的早期童年经历，更频繁的家外安置和更多次的同胞犯罪。(6)与杀人犯罪对照组相比，他们在暴力犯罪中也报告有更多可能使用刀具。

讨论部分中第1段的第1句告诉了读者，作者询问且在文章中尝试回答的主要研究问题。像这样的句子描述了他们（作者）做了什么（What They Did，WTDD）。WTDD是由WTD顺理成章、水到渠成地导出的姊妹问题，常常以过去式出现在讨论和结论部分。这样一来，在WTD和WTDD间就有一种时间上的对称性，因为作者会在前言部分告诉读者他们将会做什么，在讨论和结论部分告诉读者他们做了些什么。WTDD这一阅读密码应该标注在这一句的右边空白处。下一句诠释了他们的研究的主要结果（ROF），并将其与更为广阔的文献和文化背景联系起来。

"相异"一词明确地告诉读者DiCataldo和Everett的ROF不支持关于青少年杀人犯的普遍观点。这样的句子最好用RTC（Results to the Contrary，与现有文献观点相反的研究发现）这一阅读密码标记，放在对应语句右边的空白处。该段中剩下的句子继续详述他们研究的ROF：非杀人的暴力犯罪人在几个指标上更为负面；他们比起杀人犯罪对照组，有更早开始的犯罪生涯和更不稳定的家庭生活。在下一段中，DiCataldo和Everett（2008）还指出，未犯谋杀罪的对照组在愤怒的情况下更难自控,并且对父母有负面回忆。

如果说阅读密码 RTC 描述了 ROF 是如何与文献中的研究发现相矛盾的,那么与现有文献观点相一致的研究发现（Results Consistent with Literature, RCL）,就描述了研究发现是如何证实与支持前人的研究结果的。请看下面这些句子：

> 杀人犯报告了更多的醉酒情况下的致命暴力行为,这一点跟 Dolan 和 Smith（2001）的新近研究相吻合,他们也报告说与杀人犯罪以外的暴力犯罪者相比,他们的杀人案犯样本有更大的可能被报告为酗酒状态下的犯罪。

以及：

> 根据杀人案参与者的生活经历,他们在家里有更多机会接触枪支,这是他们未来杀人行为的一个重要诱因。这一点跟 Bingenheimer, Brennan 和 Earls（2005）的新近报告相吻合,他们的结论是,接触枪械犯罪会在接下来的两年内使一个青少年犯下严重暴力罪行的概率几近翻番。(Di - Cataldo 和 Everett, 2008, p.170)

这些句子出现在第 3 段和第 4 段,像这样的句子把他们的研究发现置于先行研究者的背景和工作中。也就是说,他们并没有简单地将自己的发现作为全新的知识断言发布,而是将自己的 ROF 融入了他人研究的背景之中。借此, DiCataldo 和 Everett（2008）加入了一个得出相同研究结果的学术群体,他们参与了这一学术圈的知识建构与知识再生产——他们的断言与其他人的断言相互维系。尽管他们的首要发现属于 RTC,但他们研究发现的其他方面与该主题的现有

```
her forms of "targeted violence"
is conceptualized well before its
ever, have neglected to treat the
 warrantable objects of analysis.
nible verbal behaviors and emo-
 that points to seductive features
ice provides an indescribable joy
elves carry a sensuous allure for
rom psychic oppression and giv-
n, 1963; Shon, 2002). That is to
r own, one that is almost conta-
ghtened levels of violence. This
stent with the character of mass
s in America, for offenders only
after the initial attack on parents.
 parricides do differ from 20th-
to them. The term going berserk
o, 1997).
suicide is "not an act of despair
istence, whether sudden or pre-
." Despite this observation, guilt
nt causes in homicide–suicides.
ination as they might illuminate
reconcile the theoretical tension
```

图 5.1

文献观点一致（RCL），因此应在紧邻这类句子的右侧页边空白里标记 RCL 这一密码（见图 5.1）。

到此为止，作者们已经叙述了他们的研究发现是如何与其他人的研究结果相悖或者相符的。通过将自己的研究工作与别人的研究工作建立联系，他们将 Glatthorn 和 Joyner（2005）这样的作者提出的建议身体力行，回答了"当前研究和已有研究之间的联系何在？""研究的'理论意义'是什么？"这类问题。RCL 和 RTC 这两个密码描述了一项研究的 ROF 的两种解读可能，而且通过详述当前 ROF 与过去 ROF 间的联系，使当前研究的意义更加鲜明，在相关研究的学术圈中的定位也更为明确。尽管 DiCataldo 和 Everett（2008）并未讨论自己研究的理论意义，但他们确实探讨了这一发现的政策启示。他们接下来批评了美国法律的一些变化，这些变化的目的是在刑事司法中将青少年杀人犯视同成人对待。他们主张说这些政策所针对的人口群体是错误的，因为他们的 ROF 说明：与杀人犯罪相比，非杀人的暴力罪犯所具有的心理—社会负面特征要多得多。这里他们梳理了自己的研究发现对公共政策的启示，从而在更大的社会背景下为自己的研究赋予了意义：他们将自己的发现放在特定背景下思考，在关于犯罪与惩罚的持续讨论中发出了自己的声音；他们抨击了一项因可能针对了错误群体从而得不偿失的社会政策。更重要的是，实证研究使他们的这一批评言之有据。以上各种启示，不管是理论层面的、概念层面的、方法层面的还是政策层面的，都在讨论部分得到了梳理和探讨。

　　然而，他们的研究却并不完善。在讨论部分的第 5 段第 1 句，作者写道："研究中存在许多选择偏倚，这可能影响了研究结果"（p.170）。他们指出，"司法系统对少年案件的处理方式可能有所不同，这种不同处理的影响可以作为研究中所发现差异的替代解释"（p.170）。换句话说，作者指出了自己研究中的一处缺陷——GAP。这也就意味着，在未来的研究中有人可以对青少年杀人犯罪研究中的这些缺陷进行处理，从而克服文献现状中的一处 GAP。这些类型的句子展示了什么是 RFW（Recommendations for Future Works，对未来研究的建议）和 RPP（Relevant Point to Pursue，待探讨的相关问题）。RFW 强调了目前的论文还不完善这一事实；以及作者针对目前文献仍存在的研究空白（GAP）提出的路线图。如果有谁对这一主题感兴趣，并且有能力克服这些局限，那么他在未来的论文中可以挖掘这些 POC。在最后一段的第 1 句中，出现了这样一个句子，"本研究并未尝试考察该青少年样本的杀人动机或环境"（p.172）。该句是又一个 POC，因为作者在此处告诉了读者当前的论文所未做的工作，我们也可以顺理成章地说作者指出了文献中的一处空白。这些 GAP 代表着 RPP 和 RFW 的存在，可以用作另一篇论文中的 POC。在紧邻这些句子的右侧页边空白里应标注相应的阅读密码。

讨论部分的最后一段的最后一句甚至更为明确地指出了当前论文中的缺陷应如何修正：

> 该样本的未来研究方向将会是对杀人案犯更为细致的组内研究，将他们杀人行为的背景特点进行多维编码，以考察杀人的犯罪环境、与受害者的交往与关系、杀人的工具和方法、事后表现以及法律后果（p.172）。

换句话说，刚刚提到的RFW阐明了关于青少年杀人研究文献中的空白点（GAP）——它们需要在将来加以处理。因此需要把RFW这一阅读密码标注在右边的页面空白处。仅仅一句话，作者就提供了5个POC和GAP。正因为所读的文章中已经包含了这样的POC和GAP，阅读才不应被视为次要活动。未来论文的组件，尤其是最重要的GAP，已经隐含在当前的文章中。论文写作者们大可不必煞费苦心地想出一些"新观点"，因为它们远在天边，近在眼前，就在你所读的文章里。未来的作者只需知道在阅读过程中如何发现它们。对那些阅读社会科学期刊论文的学生来说，RFW应该作为资源，它反映了POC和CPL/GAP，并已经嵌套在讨论和结论部分之中。

E.H.Kim等人（2014）发表在《国际妇女健康》上的论文《韩国中年妇女的韩国火病（Hwa Byung）：家庭关系，性别角色态度和自尊》一文的讨论部分有七段，局限及对未来研究的建议部分有两段，结论有一段，整个讨论与结论部分共有十段。我们要仔细讨论的句子如下：

> （1）我们进行这项研究的主要目的有两个：（a）研究家庭关系问题、对女性角色的态度和自尊与火病[hwa-byung，

韩国愤怒综合征]的关系,以及(b)检验性别角色态度作为家庭关系问题和火病之间关系的调节变量。(2)我们的研究是几个首次在韩国妇女的非临床样本中对这些变量进行实证检验的尝试之一。(3)只有三个人口统计学变量,即单身/从未结婚、教育状况和丈夫工作时间被发现与火病呈正相关……(6)就丈夫工作时间而言,我们推测丈夫工作得越多,他可以提供的情感支持和帮助就越少。(7)这一结果与Kim和Kim(1994)的研究结果相似,即丈夫的情感支持与已婚妇女的心理幸福感呈正相关。(p. 505)

句子1和句子2描述了作者已开展的研究工作。因此,最合适的阅读密码是WTDD,应该标注在文本右侧紧邻对应语句的空白处。句3报告了其研究的重要结果,所以阅读密码ROF应该标注在文本右侧紧邻对应语句的空白处。句子6报告了他们研究得出的一个重要ROF,以及以此为基础推测出的结果。在句子7中,Kim等人再次解释了他们的ROF,并将之放入更广泛的文献背景中。他们表明自己的研究结果"与Kim和Kim(1994)的研究结果相似"。"相似"一词意味着其研究结果与Kim和Kim(1994)的研究结果存在一致性。因此,阅读密码RCL应该写在右边的空白处。在整个讨论和结论部分的其余文句,Kim等人继续将他们的ROF放入文献背景中进行解释和分析。

下面来看讨论部分的第四段:

(1)我们发现,当女性认可平等主义和女权主义态度时,她们的火病症状就会增加。(2)这一结果与Choi及其同事(2009)的研究一致,其研究认为个人主义和不太传统的家庭价值观与火病数量呈正相关。(3)本结果与其他研究

不同，在其他研究中，精神病学和初级保健环境中的火病
患者对传统女性角色有强烈的投入。(p.506)

注意讨论部分重复出现的模式。作者重复了他们的主要ROF，
接着继续将他们的发现放到相关的文献背景中。例如，句子2对照
Choi 等人的发现解释了句子1(ROF)，表明 Kim 等人的研究结果与
Choi 等人的一致(RCL)。这就是说，根据这两项研究的发现，随着
越来越多的西方价值观渗透到韩国社会中，女性发生火病的现象会
增加。Kim 等人的研究结果与其他人的研究结果不同，即"与现有文
献观点相反的发现"(RTC)。其他研究结果表明，在临床样本中有
火病症状的女性持有更多传统(非西方)价值观。研究结果并非要
么支持要么反驳现有研究，在整个讨论过程中，一项发现可能在支
持部分现有研究发现的同时，与部分现有研究发现相悖。在相关内
容右侧的合适空白处应标注密码RTC和RCL。

Kim 等人(2014)讨论的前七段中，作者重复了这个过程：ROF→
RCL，ROF→RTC，并且总是将他们的主要发现与更多的文献联系
起来，指出他们的工作如何支持或反驳他人所做的工作。而且，如
我们在 DiCataldo 和 Everett(2008)论文的讨论部分中看到的那样，
Kim 等人的工作远没有结束。他们现在必须对自己的论文进行批
评，指出其中的局限性，并对今后的研究提出建议。他们的第一个
自我批评是：样本来自西方价值观盛行的都市区域。因此，他们警
告说，他们的发现可能无法推广到农村地区(Kim et al., 2014,
p.507)。最后，他们指出，GAP 在文献中以 RFW 的形式存在。同样，
RFW 的提出是因为目前的知识状况必然是不完整的。思考一下
Kim 等人宣称的RFW：

（1）首先，我们研究中使用的 IFR［家庭关系指数表］测量的是受访者对其家庭关系的整体感受，而不是对任何特定关系的感受……（2）……（3）在今后的研究中，应考察妇女对与不同家庭成员（如丈夫、公婆和子女）的关系的感受是如何与火病症状发生联系的。（4）其次，我们发现女权主义的性别信仰与火病之间存在显著关系，这引发了进一步的疑问。（5）特别是，韩国妇女的平等主义、女权主义的态度在家庭中是如何被感知的？家庭成员是否支持或接受韩国妇女的观点，以及这对更多或更少的火病症状有什么作用？（p. 507）

从逻辑上讲，前面的 RFW 源自作者当前的研究发现，是自然而然地变成 GAP。就是说，如果目前的测量方法只反映了妇女对整个家庭而不是对家庭中的具体关系的态度，那么未来的研究把这些测量项分开就变得有意义了。任何健康学、咨询、社会工作或妇女研究专业的研究生需要围绕上述主题为学位论文策划选题时，他们需要做的就是找到 RFW，然后将其作为自己的 GAP。换句话说，对未来工作的潜在新想法就藏在正在阅读的文献中，这再次说明了通过使用阅读密码学会批判性阅读的重要性。第一个发起和完成项目并发表成果的人便会获得对发现的署名权。

Oliver 和 Armstrong（1995）发表在《新闻与大众传播季刊》上的关于"观看和欣赏基于真实/虚构的犯罪节目的预测因素"的论文，其结论部分由八个段落组成。讨论的第 1 段是这样开始的：

（1）本研究的目的是探索接触和享受真实犯罪节目的预测因素。（2）本研究与 Zillmann 的"心性轮"（Disposition Theory）相一致，电话调查的结果表明，此类型的节目可能对被预测为特别喜欢抓捕和惩罚犯罪嫌疑人的观众最有吸引力，而这些犯罪嫌疑人往往是少数族裔。(3)也就是说，这项研究发现，现实题材的节目最受那些表现出更高威权主义、认为应对犯罪惩罚更严、种族偏见更强的观众的喜爱。(p.565)

句子1重复了该研究中的主要研究问题；密码WTDD应该写在右边的空白处。句子2告诉读者，该研究的结果支持现有研究，因此，右边空白处应写上密码RCL。句子3向读者提供了该研究的主要发现：倾向于威权主义、对犯罪进行更严厉惩罚和倾向于种族偏见的人喜欢真实犯罪节目。右边的空白处应该写上密码ROF。第1段与我们到目前为止所研究的讨论部分的形式和结构是一致的：WTDD，ROF，RCL，RTC。讨论部分复述了最初的研究问题，呼应了主要结果，然后对照文献进行了评价。讨论部分还体现了研究结果与现有的知识观点是一致还是相矛盾。Oliver和Armstrong(1995)没有明确指出他们研究的社会或政策含义。

如我们所见，仅仅注意到研究结果与现有文献相一致或是相矛盾是不够的。到目前为止，在我们所有作为例子的论文中，作者都花费笔墨让我们注意到他们论文中存在的局限和不足。例如，Oliver和Armstrong(1995)写道：

虽然本调查没有试图直接评估真实犯罪事件节目的相对有益或有害的功能，但这些节目吸引偏爱惩罚、持有专制和偏见态度的观众的观点是值得进一步研究的。(p.565)

换句话说，该研究没有评估以真实犯罪事件为基础的节目的好处或坏处；但是，此类节目对政治倾向保守者的吸引力可以进一步研究。这句话意味着文献中的某处存在GAP。同样，作者并没有简单地在此结束。他们专门对未来工作提出了四点建议（RFW），这些建议是来自该研究的自身GAP（pp.565-556）。RFW 1#："未来可以考虑探讨更多受访者对此类节目的反应"。RFW 2#："进一步的研究可以考虑探讨这类型节目中吸引观众的具体场景"。RFW 3#："研究可以探讨长期接触此类节目将如何影响对犯罪率或参与犯罪相关活动的有色人种比例的估计"。RFW 4#："未来的研究可以考虑探讨接触基于真实犯罪的节目与对在其他情况下获知的犯罪的看法和判断之间的关系"。密码RFW应该写在这些句子右侧的空白处，这样就很容易识别和检索。在社会科学期刊论文中，总会存在一些GAP可以成为POC并用作今后论义中的RAT。

Hu和Ma（2010）发表在《创新高等教育》上的《大学指导和学生保持：华盛顿州成就者计划的研究》一文，其讨论部分有九段。开头第1段如下：

> （1）研究表明，不同类型的院校在指派大学指导老师方面存在差异；（2）而四年制公立院校在这方面似乎做得更好。（3）和白人学生相比，西语裔学生和"其他"学生更有可能向指导老师寻求支持和鼓励。（4）此外，和白人学生相比，西语裔学生更可能认为指导老师的总体经验更为重要。（5）以往的研究表明，与白人学生相比，少数族裔学生的应对能力水平较低，预计会面临更多与教育和职业相关的障碍［此处的引用略去］。（6）因此，本研究的结果为"指导经验因种族和族裔而异"的假设提供了支持（Barker 2007；Nora和Crisp 2007）。（p.337）

Hu 和 Ma 在前五句里重复研究结果 ROF。他们没有重复具体做了什么研究工作（WTDD），只是单纯地告诉读者他们研究发现的重要性。应该在这些语句的右侧空白处标注密码 ROF。请注意第 1—4 句中的 ROF 是如何根据第 5 句中更广泛的文献进行解释的。第 5 句提供了背景或现有文献（SPL），少数族裔学生比白人学生面临更多的困难。第 6 句正是针对这个 SPL。事实证明，Hu 和 Ma 的 ROF 之一与 Barker（2007）和 Nora 和 Crisp（2007）的研究结果一致（RCL）。密码 RCL 应该写在右边的空白处。类似这样的解释在后续的段落中还会再次出现。

在第 1 段中，Hu 和 Ma（2010）做了其他学科的学者所做的事情：重复他们的主要发现（ROF），并根据他人的研究成果解释他们的发现。主要来说，这些解释的可能性有两种形式：支持现有研究的结果（RCL）；或反驳现有研究的结果（RTC）。讨论部分正是将自己的研究结果和论点置于文献背景中进行解释。如果没有这种与其他文献的联系，那么你的发现和论点就会成为学界和知识主张社区中的"孤儿"，与他人的思想谱系没有关联。然而，有时需要对 ROF 进行更多的讨论和阐述，特别是当研究结果出乎意料的时候。接着来看 Hu 和 Ma（2010）的讨论部分的第五段内容：

（1）接触频率已被确定是"学生—指导老师"关系中的一个重要方面［此处的引用略去］，且人们认为它与学生对大学的适应［此处的引用略去］和学生坚持学业［此处的引用略去］有积极的关系，但是，本研究却意外地发现与大学指导老师的会面次数和参与 WSA 项目的学生坚持完成学业的可能性之间没有显著关系。（2）目前还不能确定这一结果是否是由与 WSA 计划相关的大学指导计划的性质和研究中使用的样本的独特性共同造成的。(3)此外,本研究中的所有被指导对象都是成绩优异的低收入学生。(4)这些学生和其他指导项目中由机构赞助的"辍学高危"学生是不同的。(5)在理解本研究的结果时,应该考虑到这一点。(p.338)

在句子1的前半段,Hu和Ma(2010)重申了现有研究的发现(SPL),在后半段,他们对照现有文献解释了自己的ROF。"意外地"一词表明,他们的ROF和现有文献观点不一致,而且出乎他们的意料。因此,密码RTC应该标示在右侧的空白处。然而,请注意,Hu和Ma的发现出乎意料,这引发了猜想和进一步阐述,他们不得不解释这个意外发现。句子2到句子5都在进行解释,他们对猜想进行了限定并提供了根据,以说明为什么会发现这个意外的结果:也许是样本和现有研究的样本不同,来自WSA的样本都是成绩优异的低收入学生,"在理解本研究的结果时,应该考虑到这一点",Hu和Ma向读者提供了理解他们这个出乎意料的结果的途径。

Hu和Ma(2010)没有为继续找寻文献中的不足提供路线图,也没有指出今后的研究应该做什么。换句话说,他们没有对未来的研究提出建议(RFW)。这不意味着GAP不存在。你可以对Hu和Ma所做的研究在某些方面进行批评(POC):他们可能遗漏了与之前的主张的明显联系(MOP),或者今后的研究者可以培育一个POC并在自己的论文中进行讨论(RPP)。由于社会科学知识总是"暂定"正确的,且这也是推动文献发展的一种方式,社会学、心理学、犯罪学、护理学以及教育学领域的论文,其讨论部分一般以RFW结尾。为了丰富文献,总是有更多的工作可以做。

接下来,我们来看一看Thapa,Cohen,Guffey和Higgins-

D´Alessandro（2013）发表在《教育研究评论》上的论文，看他们的RFW是如何呈现于讨论部分的。

> （1）本综述表明，大多数研究没有在多层次/分级框架内研究校风（climate）的影响，也很少研究学校随着时间的推移而发生的变化，而这正是了解学校改进过程和努力的关键所在。（2）在Bryk及同事（2002，2010）对芝加哥进行的重要的学校改进研究的基础上，我们建议更多的研究应从多角度考察校风，包括实证研究、准实证研究、相关研究以及案例研究和质性分析，并尽可能地将过程和结果概念纳入时间敏感性分析。（p.371）

上述内容是论文《校风研究综述》的倒数第2段。"我们建议更多的研究……"出现在讨论部分，对应的密码是RFW，因为这正是作者对未来研究提出的建议。Thapa等人（2013）建议学者今后可以从他们推荐的方面开展研究。他们为什么要提出这样的建议呢？是因为他们在阅读了众多关于校风研究的文献之后，发现关于校风研究的缺陷依然存在。RFW就是文献中的缺陷，一旦发现，就应该在右侧的空白处标示出来。

● 如何阅读结论部分

Robert Entman（1990）在载于《大众传播批判研究》中的《现代种族主义和地方电视新闻中的黑人形象》一文中，考察了地方新闻怎样既对传统的种族主义观念提出挑战，又为其提供了方便。文中没有讨论部分，但有由三个段落组成的结论部分。在第1段里，作者总结了当前研究的ROF：黑人在镜头中作为犯罪者和受害者出现，会使其给人不祥之感，从而固化他们负面的模式化形象；黑人在镜头中展现正面形象，会给人带来种族歧视已不再是严重问题的错误印象。接下来在第2段里，Entman解释了为什么在报道涉及黑人时会有这样的新闻悖论。他指出地方新闻之所以会产生这样吊诡的结果，并非出于电视新闻界的恶意企图，而是源于其行业局限，以及该行业的市场驱动和标准化操作行为。他在第2段结尾处指出"那么研究的启示是地方新闻很可能会继续按照此处的假定行事"（p.343）。在最后的第3段，Entman（1990）写道：

> （1）确实，黑人在地方新闻中的形象是复杂且富含潜在意义的。（2）这种新闻必须面对各种倾向的观众。（3）对于观众如何感知和加工媒体信息，社会科学家也只有最基本的认识［此处的引用略去］。（4）但是，探索性的研究为以下假设提供了充分的支持，即地方新闻中的黑人形象助长了种族焦虑和种族对立，至少对于白人人口中此类感情倾向最明显的群体而言是如此。（5）对接触地方新闻产生的影响进行量化研究，以及对大样本的地方和网络新闻进行的广泛的内容分析，是顺理成章地应开展的下一步研究工作。（6）这样的研究将有助于理解新闻是如何改变或保持主流文化价值观和权力结构的。（p.343）

结论的要旨是地方新闻具有几重意义，正如最后一句所揭示的那样，电视中的地方新闻塑造和维护了文化和权力。在结论部分，地方新闻既滋生又揭露种族主义的吊诡方式再次在更大的背景下体现。此外，作者的研究结果和他的最初假设是一致的。然而他的工作也并不完善。为此他提出了两条RFW：（1）对于接触电视新闻的影响，进行更多的量化研究；（2）使用样本量更大的地方和网络新闻，进行更多的内容分析。因此页面右边空白处应标注RFW这一密码。尽管这里没有讨论部分，但读者可以看到讨论部分的一些成分也是结论部分的基本要件——当前研究的更为广泛的意义得以梳理；当前研究的局限性和对未来研究的建议得以陈述。虽然讨论部分缺席，但结论部分却完成了同样的工作。

　　在我们通读过的两篇文章的讨论部分和一篇文章的结论部分里，我们已经看到作者怎样通过在自己的工作和过去的研究之间建立起联系，来为自己的ROF找到定位，标定研究的意义。此外，我们也已经看到，作者如何梳理自己工作的政策启示——这也正是无数学生在自己的论文写作中感到困惑的事情。但这并不意味着不存在批评点。实际上，作者自己可能会有明显的遗漏点（Missed Obvious Point，MOP），这个遗漏点为未来的文章提供了RPP这样的垫脚石，因此它可以用作未来论文中的POC。这里MOP应该标注在右边的页面空白处。例如Sampson梳理出的启示之一就是男性黑人面临着经济剥夺和劳动市场中的边缘化，而这会导致家庭破裂和犯罪行为。Sampson所引用的学者之一William Wilson认为，无论是过去还是现在，黑人都因为被隔离在城市中心区内而面临着就业方面的结构性障碍；他还认为男性黑人身上的一些特征使他们对于潜在雇主而言较为欠缺吸引力；认为在工业衰退城市的去工业化进程中，首当其冲失业的也是黑人。也就是说，男性黑人面临着各种积重难返的不利因素。故此，如果一个敏锐的读者提问说，为什么男性黑人面临经济剥夺和劳动市场中的边缘化，那么Sampson可以怎样回答这一问题呢？要想得到一个令人信服且全面的答案，那位读者必须得跳出社会学和犯罪学领域去寻求答案，问题的答案藏在像历史和传播学这样的学科中。

一篇论文，哪怕是发表于最前沿的期刊，是最具影响力的文章，哪怕它出自举足轻重的机构中一位深孚众望的学者之手，也都是可以批评的。这样的学术研究也都可以成为 CPL 的对象，并在将来的文章中用作 POC 和 RPP。而这一进程正是始于阅读行为。

正如全书所论，阅读密码可以起到几个作用。第一，它们有助于阅读进程中的深耕，以免读者对一些词句囫囵吞枣。试着在阅读过程中扮演文本侦探的角色，除了对某段文本的具体内容进行处理，读者们还应尽力弄清其功能。因此阅读在两个层面得以展开。第二，使用阅读密码促使读者在阅读过程中进行批判性思考。读者不再将对文章的优点和局限的思考留到阅读完成之后，由于阅读密码的使用，他们在阅读过程中就和文本进行实时对话。回想和记忆的偏漏就这样最小化了，因为文章的心得和笔记就明明白白记录在上面。这样一来，使用阅读密码就让我们的头脑条理分明，任务明确清晰，目标务实可期，从而避免漫无目的的（因而也必然是徒劳无益的）阅读。阅读密码的使用能让我们问出"这个句子/段落在文章中起着什么功能？"这样的问题，而不是困扰于"刚刚这 15 分钟我都读了些什么？"这样的问题。

在识别一篇社科文章中各句各段的功能（RCL，RTC，RPP，RFW，MOP）的过程中，学生们不仅进行着批判性思考，评估着论文的优劣之处，也在潜移默化地为自己将来要写的论文搭建框架。也就是说，读者在过去文献中寻找着当前研究的定位，辨识着文献中的缺陷和空白，以应对自己的眼下之需（如期末的文献综述式论文）或未来任务（如硕博士学位论文）。正因为这个原因，阅读不应被视为一项次要活动。作者甚至还没有为自己的提纲想好框架时，就先得知道有些什么内容要设法往里装。左边页面空白处的主题密码和右边页面空白处的SPL密码为论文提纲准备了起点。要想回忆起50多篇（甚至更多）文章的内容并将其以令人信服的方式加以组织，这是个让人望而生畏的任务。而正如本书所论，阅读密码可以为学术写作中必须进行的信息组织和管理提供种种方便。

第6章

标示和组织 ROF, SPL, CPL, GAP, RFW 和 POC

我在检查学生的原始阅读材料（如书、文章等）时，一再发现他们的一个错误，就是用各种颜色给整节文本做上记号。也就是说，他们并不是用荧光笔来强调那些有用的要点（我所谓的"有用的要点"，是指所标注的论点必须能够方便文本中有用信息的提取与整合，以便为当前的写作项目所用），而是将整段甚至整页文章勾勾画画，误以为这几段中所有的内容都重要无比，非勾出来不可。简而言之，学生们没能恰当使用荧光笔。将整段整段的文章勾画出来简直就是滥用荧光笔。

每一页和每一段的组织都不是漫无目的的，我在前面的章节中曾经说过，著名的作文老师（即 Strunk 和 White，1979）也曾经这样指出。各段的第一句所履行的功能就有别于该段中其他句子的功能。第一句会简明扼要地介绍本段的主旨，紧跟其后的其余句子则会对这一主旨进行论证。我在本书中曾经指出，读者可以将自己的阅读过程体系化，以使自己所读的社科期刊文献的内容能按某种可预期和可复现的模式加以预测和归类。一旦理解了社科期刊论文的这种内在结构和逻辑，面对整节整节的文章你就能够庖丁解牛了，哪怕一节内容长达好几段甚至好几页，但它总归是由逻辑红线串起来的段落链条中的一环。论文的作者无非是要说服你接受他的逻辑进路。他们想让你心悦诚服地认为他们的论文言之成理。其实论文出现在同行评议期刊上时，就表示作者已经说服了两到三位学界同仁，使他们相信他的论文颇有可取之处，值得发表。

● 学术阅读的工具

我们在周末下午都干过这样的事情。我们会仰靠在舒服的沙发里，时不时地把两只脚跷在茶几上，或者把两条腿悬吊在扶手上，一只手将一本书（常常是悬疑或爱情小说）举在半空，然后懒洋洋地用另一只手的大拇指翻阅。这种景象可谓是阅读愉快到极致了。在北美各大学的图书馆里，我都见到过有学生在木制的桌椅上这么干——就像在家里那样，把两条腿跷在桌子上，整个人则斜靠在图书馆的椅子里。将田园诗般的周末下午阅读复现在图书馆里，这一尝试对背部有害，是大错特错的阅读方法。这样的姿势应该专属于快乐阅读，毕竟那时学生不会为了总结和批评文献现状而发愁，也不会为了寻找能让自己的项目师出有名的理论依据而伤脑筋。社科期刊文献的阅读是一项目的性很强的任务，因此像其他目标导向的工作一样，正确的阅读工具和阅读技巧就成了阅读过程中必不可少的部分。实际上这二者密不可分。

这里我冒昧地提醒一句，如果说要让阅读者心旷神怡，那么社科期刊论文是不能与那些优美的文学作品相提并论的。对于大多数以此为业的社会科学学者来说，对于大多数社科领域的研究生和本科生来说，社科期刊文献的阅读就是一项工作，既然是工作，就得拿出工作的样子来。这就意味着学术文本的阅读方法应该有别于消遣文本。正确阅读的第一步离不开恰当的姿势。读者们应该坐在正儿八经的椅子上，最好是表面较硬的那种，然后全身心地准备进入积极阅读状态。总是像阅读爱情小说那样阅读学术文本，歪倒在沙发里什么的，会让你在阅读时心猿意马。而一旦采取了正确的（工作用的）姿势，我们就会将阅读敬为工作而不是视作消遣。如果在态度上和实践中都把阅读当成一种工作形式，我们在阅读时就可以将个人偏好和趣味置诸脑后了。我们阅读是因为它是我们的工作，非做不可。正是因为这个原因，才会有其他学者指出，阅读中的问题不该归于动机。换句话说，警官也好，护士也好，清洁工也好，他们都不会等到心灵召唤时才去接报警电话出警、照看病人或清洗厕所，他们得为了养家糊口去做。如果学者们像劳动人民对待自己的工作那样对待阅读和写作，那么就不会再有动机问题，也不会有什么灵感阻滞了。

再一点，就像我在前面章节中指出的那样，读者应该积极地投入文本。积极阅读的对立面是散漫阅读，而与消遣性阅读鲜明对立的就是学术性阅读。早先我也曾经指出，在阅读行为中标注阅读密码使得这一行为带有目的性很强的任务导向，从而方便了认知边界的设定——这样在阅读过程中就有具体的目标可求，具体的结果可期。这种投入是以两种方式激活的：在右边的页面空白处标注阅读密码，而在左边的页面空白处标注主题密码。这样读者就用不着在读完后再纠缠于记忆和回想的偏漏，密码的标注强迫读者在阅读过程中就与文本进行实时对话，如是，读者的身心在阅读过程中就会被全部征用，而再没有时间不知不觉、没完没了地开小差了。

我发现有三种工具能够为阅读提供便利：（1）直尺，（2）签字笔，（3）荧光笔。（见图6.1）

图 6.1

第一，在阅读过程中直尺的功能就是为文本划定感知边界，以免眼睛在阅读一行内容时"偷工减料"（saccade）[1]，不时跳过一些单词（Rayner & Pollatsek，1989）。也就是说，你不会再总是惦记着一篇文章中有多少页要读，或是一页中有多少行要读，直尺为句子划出了边界，让你的阅读只能一次一句地步步为营。这样读者就被迫放慢了阅读速度，再也不会因心不在焉地左右扫视而将三句并作两句，或者在上下扫视时将三段并作两段，因此大脑也不会再有机会在散漫阅读中开小差。

第二，通过使用签字笔在页面空白处标注阅读和主题密码，读者进一步减慢了针对句子层面和段落层面的阅读速度，而能把注意力集中在如何确定句子功能和段落主题上。正如我在前面章节中所指出的那样，"批判性"阅读的指令虽然善意，但却无用，因为它不是学生可以轻易遵从的指示。在阅读过程中标注阅读密码则使学生能够与文本和作者进行批判性的对话，而不是被动地吸收其中包含的信息。相反地，读者总是在不停地对所读的文章进行总结、批评，或是将其与更广泛的文献建立联系（如 RCL，RTC，MOP，POC）。从这

---

[1] saccade 一词是指眼睛的飞快扫视。——译者注

个意义上讲,在阅读过程中标注阅读密码才使得批判性阅读能真正"批判"起来,不管这个"批判"是指"批评"还是"对话"。谁都明白,摆着一副消遣性阅读的姿态,是几乎不可能使用直尺和签字笔的,而被动阅读和批判性阅读也是无法并行不悖的。本章中提到的阅读工具正是帮助了批判性阅读过程的实现。

　　第三,荧光笔是为了强调(标示)文本中的要点。究竟学生读者应该如何确定什么内容重要,值得标示呢？在社科期刊文献这一背景下,这种选择被文本自身固有的结构、逻辑和形式限制了。如果学生使用了阅读密码表(RCOS,见表6.1),他就永远不必为标示什么而迷惑。社科期刊论文的组织方法是有逻辑的、可预测的。滥用荧光笔的问题之所以出现,正是因为初涉写作的学生没有理解期刊文献的形式。一旦你理解了SPL,CPL,GAP,RAT,ROF和POC,决定要标示什么时,也就不会再眉毛胡子一把抓或者全靠撞大运了。ROF是社科期刊论文的作者想要做出的主要断言,在学生们打算写的文章中将会成为SPL,因此在阅读时要作为期刊论文最重要的组成部分来把握,因此ROF应该标示出来。GAP是写作过程中的另一个重要部分,因此在阅读过程中也值得标示。如果一名学生在综述文献时用一种颜色标示所有的ROF,用另一种颜色标示GAP,不同的颜色就能方便识别和检索。当然,另一名学生可能会选择为每一种密码使用不同颜色的荧光笔(如所有的SPL用红色的,CPL用蓝色的等),但过于纷繁复杂的标示颜色可能会适得其反,造成另一种形式的荧光笔滥用,削弱它的效果。

● 阅读密码的管理

　　我们在第4章讨论了怎样构思一篇文献综述。在打磨文献综述的过程中，我们注意到当前文献中的ROF将会成为拟写文章的SPL。我也曾详述文献综述的一个大忌——像洗衣店接衣单一样罗列文献。为了避免这一错误，我曾经建议对当前文献的概述做整合工作——根据主题加以组织，不管这一主题是方法上的、概念上的还是分析工具上的，而不是机械地按作者和年份加以罗列。此外，除了对文献进行主题概述之外，对现有文献的批评作为寻找GAP的基础工作也应纳入文献综述，否则就难以写就一篇漂亮的文献综述。使用阅读密码来组织、培育和酝酿概述与批评部分的主题，这被我称为"转直角弯"，因为借鉴现有研究的文献组织方法，从中挖掘现成的模式和趋势，这些都是能让自己要做的研究理据充分的技巧。

　　尽管这样的策略看上去似乎有些不妥，但它却是符合学术出版的行业惯例的。这里要再次提醒大家，学术界的专业人士干的事情是改进轮子，而不是重新发明轮子。本科生的研究论文、顶点项目论文（cpastone paper）或者荣誉学位论文不必像硕博士学位论文那样对人类的知识库存做出贡献，它们只需有足够的原创性和新颖性，能够给老师留下深刻印象即可。一项研究也好，一篇硕博士学位论文也好，都不需要有多得不得了的原创性——它的原创程度只要能赢得论文评审委员会成员的赞成票就行了。投稿给期刊发表的论文不一定非得带来研究范式的革新——它的原创程度只要能赢得论文评议者的赞成票就行了。这样的态度确实可能会种下平庸的种子，但因毕业期限迫在眉睫，或者项目资助即将到期而忧心忡忡的学界新人们并没有时间来精心打磨一篇不发表则已，一发表就能够带来研究范式革新的学位论文或其他论文，这种要求对他们来说未免过于奢侈。那些奢侈品般的研究生涯——长年累月地在一篇论文或一本书上精益求精，最终彻底地变革了研究范式——即使不是一种传说，在学术界内也早已一去不复返了。

　　说到挖掘信息用以组织自己的文献综述的方法和主题，我的建议如下：浏览你读过的每一篇文章，细阅其左右两侧的页面空白，找到你曾标记的所有的 SPL，CPL，GAP，POC 和 RFW。通过细读这些 SPL 和 CPL，可以用使文献及其批评得以整合的主题和模式来作为组织你自己的文献综述的参考要点。对于本科生学位论文这样的小工程而言，逐一细读为文献综述而收集的所有文章尚且是一项可以应付的任务，但对于一篇涉及 40 多篇文章的文献综述而言，审读每篇文章以寻找现有 SPL 和 CPL 的组织模式就完全是一项令人望而生畏的任务了，特别是当你必须将这些文章随身携带时更是这样。这就意味着我们必须想出一个办法，来对阅读中所得到的信息进行更为集中统一的组织。

　　我之所以设计阅读密码整合表（Reading Code Organization Sheet，RCOS，见表 6.1），是为了方便对阅读文章时所获得的必要信息进行识别和检索，这样才能更好地逐步对文献进行整合。你用不着再把每篇文章逐页浏览一遍，因为构思文献综述时最必需的这 7 种阅读密码就足以充当学生学术写作的出发点。

表6.1 阅读密码整合表

文章序号	作者、年份	ROF	SPL	CPL	GAP	RFW	POC/RPP
1							
2							
3							
4							
5					.		
6							
7							
8							
9							
...							
100							

　　显而易见的是，整合表的有用程度取决于其中所填信息的有用程度。假定你输入的信息都是正确的，那么从这个表输出信息是比传统方式（如索引卡、记忆、直觉等）更容易处理的。最理想的做法是学生在阅读文章的当天就将阅读密码输入到整合表中。举个例子，假如一名学生每周专门留出一天来阅读/写作，并且那天读了6篇文章，那他应该一读完这些文章就直接把阅读密码的摘要输入整合表。但实事求是地说，不管出于什么原因，学生总是有可能无法在完成阅读任务后立即填好整合表。如果过了一两天，在处理完自己生活中的紧急事务之后，这个学生再重新捡起这一任务，她这时不必再细读每篇文章，以寻找其主要断言、缺陷和值得批评之处，或

是其作者对未来研究提出的建议,因为这些要点都应该已经留存在页面空白之处,或凸显在荧光笔标示之处了。所有剩下要做的事情,就是简单机械地把密码摘要填入整合表中。这样的活动应被规划为写作前的预备工作。摘要记录的例子如表 6.2 所示。

表 6.2　阅读密码整合表示例

文章序号	作者、年份	ROF	SPL	CPL	GAP	RFW	POC/RPP
1	DiCataldo & Everett (2008)	1.非杀人案犯的不良记录比杀人案犯多 2.情境因素比病态人格能更好地说明犯罪结果	1.广泛的兴趣 2.定义 3.原因 4.方法 5.心理健康 6.药物滥用 7.枪支的接触机会 8.模式化形象	1.术语的科学性 2.没有对照组 3.不可靠的样本 4.理论未整合	1.术语的科学性 2.没有对照组 3.不可靠的样本 4.理论未整合	1.分类处理 2.考察动机和情节 3.考察犯罪特征 + 犯罪者特征	1.非杀人案犯中 67.9% 的人有愤怒问题,而 37.5% 的青春期杀人案犯报告了愤怒问题

　　自从本书第 1 版出版以来,已有多个我授课班级的学生使用阅读密码来组织他们的笔记和论文。因此,我现在可以对使用阅读密码整合表(RCOS)所需要的工作量进行更准确的评估。据学生们反馈,阅读完一篇 15~20 页的期刊论文,并在相关的地方标注阅读密码,大约需要 1.5~2 个小时。他们还报告说,将一篇期刊论文的代码标注到 RCOS 中大约需要 10~20 分钟。对于一篇要求至少引用 30 篇参考文献的研究论文而言,预计学生要用约 70 多个小时来完成阅读并将内容输入到阅读密码整合表(RCOS)中。当然,那些有强迫症

的学生——成绩优异的书呆子——为完成论文会设法阅读大约40~45篇文献，因此他们的工作量还会大大增加。对于习惯只在一篇论文中引用5~7篇参考文献的学生来说，毕业那年要完成的那篇原创研究论文所带来的繁重工作会让他们感到震惊的。

学生们觉得完成RCOS就像是一种中世纪酷刑。他们说，他们经常希望我（本书的作者）痛苦地死去，或者在生活中经历一些其他的身体不幸，因为RCOS——或者更准确地说，我——给他们带来了痛苦和不幸，因为我迫使他们使用阅读密码和RCOS来阅读期刊文献和组织笔记。我非常肯定，学生们是把杀人的幻想作为一种补偿机制，以此减轻他们心理上的无力感（一些学生在被询问时甚至自豪地承认有这种暴力幻想）。在学生完成RCOS后，我与他们进行了一对一的会面。有一个现象显而易见，那就是他们开始散发自信。学生们能够对文献进行总结，并能确定文献中反复出现的主题和潜在的不足之处。当他们这样做的时候，他们的能力和自信以声音改变的形式显现出来：说话的声音变大了；说话的速度更快了；语调更高了。在描述文献的状况时，他们面带微笑，明显变得兴奋。这种体验只能被我恰当地描述为"找到了学术阅读的快乐"。此刻，我为自己是一名教师而感到骄傲，因为我帮助我的学生凭借自己的能力成为了略有所成的学者。

然而，如果我宣称让学生使用阅读代码和RCOS来写论文（期末论文、毕业论文）只带来了互送贺卡般的快乐，那我是在撒谎。撰写研究论文这项任务要求学生提出原创的主张/论点，这让一些人因绞尽脑汁而变得虚弱。除了正式的写作过程外，阅读和记笔记（"前写作"）所涉及的大量工作使一些学生感到相当焦虑；一些学生还因此不再来上课了。一些学生试图伪造他们的RCOS条目，凭空想象出主题代码和 GAP。试图造假的学生由于无法回答他们本该知道的简单问题而被发现。这些学生之所以被抓，是因为他们没有读过文献，只是试图临时地想出正确的——貌似合理的——答案。对有经验的老师来说，这类欺骗行为会产生压力和线索，是可以察觉的。当给学生们机会坦白其"罪行"时，他们通常会承认错误。学生们应该明白，对他们论文的要求和完成论文的最后期限并没有消失，诚实地完成论文比使用奸诈手段完成论文更容易。从心理上讲，在和对研究主题相关文献非常了解的教授进行的一对一会谈中暴露自己的谎言并随之体验到羞耻（而不是尴尬），与这个相比，诚实的工作要容易得多。

如果有一名学生在期刊库检索"青少年杀人"这一条目，那么 DiCataldo 和 Everett（2008）的文章会出现在"搜到的文章"之中。实际上，这样检索出的文章可能会多得让你不知所措。这里我们进一步假设，这名假想中的以青少年杀人作为学位论文写作主题的学生，他把准备阅读的相关文章数量压缩到了 60 篇。我已经提出且尝试回答的基本问题是——如何管理他即将从这 60 篇文章的阅读中所获取的大量信息？

现在假设这名学生将剩下的 59 篇论文的密码摘要输入到了整合表之中。毫无疑问他会发现 SPL 这一分类下不同条目间有共同的主题。这是因为为了讨论该领域中先导研究者的工作，他将要读到的这 59 篇的作者必定也都阅读过相同的名作（如 Bender，Busch，Corder，Cornell，Duncan，Ewing，Heide，Lewis，Russell，Zagar）。这就能够解释为什么不同的文献综述之间必然会有共核。如果我们考察其他 59 篇文章的 ROF，也必定能够发现其共核。在这名学生所写的论文中，这 60 篇文章的 ROF 会成为他自己的文献综述的一个组成部分。收集这60篇文章，找到其中复现的模式和主题，并将其压缩成8~10个条理清晰、逻辑相关的主题，这就构成了文献的整合工作。

　　再次提请大家注意：当你收集的CPL和GAP达到60个之多时，其中自然会浮现出某种模式。那些一再出现的GAP应该按其主题加以分类，充当起紧随SPL之后出现的现有文献批评（Critique of Previous Literature，CPL）这一角色。除了GAP，可供上述学生挖掘的还有RFW——它们可以充当其SPL的CPL。RFW之所以存在，是因为先前的学者尚未从这一方面考察该主题。例如，DiCataldo和Everett（2008）没有考察青少年杀人的犯罪特征和犯罪情节，这可以充当文献中的GAP，使寻找矫正方法名正言顺。如果这名假想学生想要考察青少年杀人背后的动机与情节，那么所读文献中若这一方面有GAP存在，则这一事实就足以充当RAT，为自己的论文赋予写作的理由。

● 为文献综述拟定提纲

　　一旦在SPL和CPL/GAP中找到了复现的主题，从阅读向写作的转化进程就开启了下一步：将这些主题转换成一份提纲。Silvia（2007）指出，提纲撰写不应被视为正式写作（自己下笔动真章）的前奏。他评论说写不动的作者都是事先没有拟好提纲的作者，"他们凭空写了一阵，写不下去的时候，就开始感到沮丧，抱怨说想破脑袋也挤不出几个词儿来"（p.79）。他建议写作者在动手写作之前先要"理清思路"。但如果这时我们去问那些思路和提纲的内容从何而来，那我们就又回到了最初的起点。其他书始终没能手把手地教给你一套可操作的、执行力强的方法体系，来帮你一步步地从阅读过渡到提纲撰写，然后过渡到写作。而现在，阅读密码再次站了出来，它的设计目的就是使提纲的拟订和写作更高效。

不管是荣誉学位论文/本科毕业论文、硕士学位论文、博士学位论文，还是同行评议期刊论文——只要是对原创有一定程度的要求，从而非得收集数据不可的学术写作——这些学术文本的结构和格式都大同小异：

前言：SPL，CPL，WTD

文献综述：SPL，CPL，GAP，RAT

数据和方法：数据描述和分析计划

研究结果：ROF

讨论和结论：ROF，WTDD，RCL，RTC，RFW

学术写作中最费时的部分就是通读关于某一主题的海量文献。一个雪上加霜的事实是，在通读时不仅必须对知识现状进行总结，还必须设法对其进行批评，找到其中的缺陷并加以改进，以便确立使自己将要做的研究理据充分的研究依据。其他的论文指南书是建议"描述相关理论，回顾过去的研究，更加详细地讨论，以诱发**研究的问题**"（Silvia，2007，p.82）。这些指示尽管正确，却未能阐明如何针对海量的文献进行描述、回顾和讨论。此外，这样的建议忘了指导写作者如何对先前的研究进行批评，以弥补文献中的知识空白（Harris，2014）。正如我曾经阐释的那样，必须找到一种原则性的、系统性的方法，在正式的写作开始之前就能组织文献综述并列出其提纲。

　　通过浏览整合表，一名学生应该能够找到8~10个可据以对文献进行总结的主题。根据经验，要将ROF和SPL合并后，这名学生才能得到8~10个主题。学生在组织文献综述时需要使用两个资料来源。首先，当学生浏览SPL这栏时，他们会发现某些主题代码出现得很有规律，很频繁。接着，他们必须浏览ROF这栏，看到ROF和一些SPL相似。学生应能将SPL和ROF两栏合并，从而创造出自己文献综述中的SPL：你阅读到的ROF要变成你自己论文中的SPL。接着，必须找到文献中的GAP。这些GAP和CPL应归纳为3~5个主题。一旦找到了GAP，学生下一步就必须展示他将如何出手克服文献中的这些缺陷。这种"出手"的理由就构成了RAT。RAT应该按照3~5个主题的框架进行组织，并放在论文的前言部分。我们设想的文献综述的提纲版大致如下：

● 文献综述提纲

　　1. SPL
　　　A. 主题1
　　　B. 主题2
　　　C. 主题3
　　　D. 主题4
　　　E. 主题5
　　　F. 主题6
　　　G. 主题7
　　　H. 主题8

2. CPL/GAP
　　A. 主题 1
　　B. 主题 2
　　C. 主题 3
3. RAT
　　A. 主题 1
　　B. 主题 2
　　C. 主题 3

　　在提纲形式下，针对某一主题进行文献综述这一任务看起来逻辑脉络清晰，简单易行。如果没有提纲，那么文献的海量状态就会让人望而生畏，毫无头绪，无从置喙。要想使主题 1 到主题 8 各就各位，这名学生只需查阅 ROF 和 SPL 两栏就可以找到这些主题。然后在写作时只需将每个主题充实成一个段落就行了。主题句负责对该段的主题进行介绍和概述；紧随其后的各句则负责提供论证。由于使用了这些主题来讨论文献的历史脉络和当前状态，就不会再出现"接衣单问题"，也不会再于同一段中反复祭出同一位作者，直到把他累死（亦即"逮住一只羊往死里薅"）。如果引入了研究假设，那么它们必须是从 SPL 和 CPL/GAP 中推衍而生的。不管一名作者是在确立 RAT 还是检验一项假设，这两项工作都必然以文献综述的整合和批评方式为基础，因此其出现都是自然而然、顺理成章、水到渠成的。说服读者，使他们"看得到"这一推理进路，这就是你作为作者的任务。当读者读完文献综述部分的时候，他们对于为什么要进行眼下论文里的研究就不应再有什么疑虑了。研究理由应该就这样贯穿文献综述的全文，从第一段到最后一段。

● 最终组合工作：写出一篇专业水准的论文

不管是在写作中还是在整个生活中,我最难以容忍的是摸不着头脑的情况,就是没人告诉你任何边界和限制。举个例子,想象有人塞给你一个背包,然后命令你迈步向前。没有告诉你得走多远;没有告诉你能不能时而停下来喘口气;没有告诉你步伐应该有多快;没有告诉你得走到什么时候;没有告诉你目的地在哪儿。同样的道理,想象你的教授叫你写一篇论文,没有告诉你应该以什么为主题;没有告诉你论文得写多长;没有告诉你该采用哪种引用格式;没有告诉你论文中应该有多少参考文献,甚至没有告诉你论文什么时候交。有人会说两种情况都代表着绝对的自由——远足者和学生作者随心所欲的自由,他们可以痛快淋漓地享受创意。

可惜,生活中大多数事情是不能像这样模棱两可的,比如自由(以及学术写作)。尽管西方人乐意认为自己行使着"自由表达"的权利,但其实我们并不如此(Fish,1994)。法律、社会和道德都对我们的自由表达施加了种种限制。换句话说,你不能径直走到警官面前说"我要杀了你!"然后还指望因恐怖威胁被捕时第一修正案会保护你;你也不能在满座的剧场里大叫"起火了!"然后宣称这是你的言论自由。此外,你也不能随心所欲地对其他人说任何害人、伤人或骗人的话,因为会承担相应的法律后果(如诽谤罪)。如果在人际交往中一想到什么就原原本本地说出来,那你就会极快地陷入孤单的独居生活。正如Stanley Fish所说,"根本没有言论自由这回事,这也是一件好事情"。不过,尽管我们的言论和写作受到这种种限制,但也请注意,这些规矩并未使我们使用语言所取得的成就有任何减色。种种限制和约束之下,喜剧、诙谐、讽刺和悲剧等创造性的表达方式在书面和口头语言形式中依然比比皆是。

同样的边界和限制也存在于学术写作中。最受尊敬和重视的写作形式——同行评议期刊论文——所受的约束就比其他形式的作品(如小说、书)要大得多。原因很简单:篇幅。大多数期刊的每期篇幅是确定的。对大多数社科期刊来说,如果你寄一篇两万字的论文给它们的话,我估计是会被立刻退稿的。大多数社科期刊对于投稿都有字数限制。这些限制有好处也有坏处。好处在于为边界树立了标识,作者知道自己的字数和页数不能超过多少;坏处在于限制了作者的手脚。最极端的情况下,有的杂志愿意接受长度高达15000字[①]的文章;大多数社科期刊期待的单篇投稿的长度是8000~10000字。为了举例说明,我使用较低的字数限制。这8000字里要包含以下部分:

1. 封面页:标题、作者姓名、作者单位
2. 摘要
3. 前言
4. 文献综述
5. 数据和方法:数据描述和分析计划
6. 研究结果
7. 讨论和结论

---

①请读者注意,这里指英文单词数,以下皆同。——译者注

表6.3　基于页数划分的期刊论文各部分文本功能

章节名称	文章中的文本功能	(单倍行距的)页数
封面页	论文题目、作者姓名、作者单位	-
摘要	SPL，CPL，ROF，WTD	0.5
前言	SPL，CPL，WTD	1
文献综述	SPL，CPL，GAP，RAT	4~5
数据和方法	数据描述和分析方法	1.5~2
研究结果	ROF	1~2
讨论和结论	SPL，WTDD，RCL，RTC，RFW	2~3
参考文献		3~5
目标总页数		14

　　让我们以社科期刊论文为例，来把握论文的一般结构和内容构成方式。摘要可视为缩微版的前言，通常在150~200字。学生练习写一篇自己的摘要，就应在150字甚至更少的篇幅内写出有SPL、CPL、ROF和WTD功能的句子。前言由2~4段组成，篇幅通常不会超过单倍行距的1页，应该包含SPL、CPL和WTD。如果学生写的论文是为了给期刊投稿，那么就应该在前言2~4段的篇幅内写出具有SPL、CPL和WTD功能的句子。犯罪学论文的文献综述和心理学论文的前言篇幅长短并不统一，但使用单倍行距的话，大多在4~5页。数据和方法通常在1~2页内就可以描述完毕，研究结果部分1~2页，讨论和结论部分2~3页（见表6.3）。

　　本书并非照本宣科地简单复述社科期刊的内容，而是将论文本身作为分析对象。换句话说，我尝试将摘要、前言、文献综述、数据和方法、研究结果、讨论和结论等部分的句子功能逐一进行分析。

这样做的目的是方便对阅读材料中所含的信息进行组织，以使写作进程更为简单可控。此外，我通过将一篇社科期刊论文分解为不同的组成部分，尽力向本科生和研究生们展示，该如何着手完成一篇8000字的论文——如果他们真的有写作需要和写作动机。以上格式是提供一个起点。学生们可以从按段或按页划分的文本的功能出发，去模仿自己所读的文章，这是让写作开工的一种方式。

学生们再也不用为提纲和文章本身的内容从何而来发愁了。如我此处所示，社科期刊论文的内容构成是有逻辑的、可预测的。借助阅读密码，学生们应该能写出一篇篇幅足够的像样论文。

如我在本书中所论，文献综述是一篇论文中最核心的部分。前言是文献综述在2~4段篇幅内的小规模再现。而文献综述部分的要件包括：按主题对现有文章加以融合（SPL），以及对这些文章进行批评（CPL，GAP）。采用单倍行距的话，这部分的篇幅在4~5页。学生撰写文献综述时，只需浏览阅读密码表，挖掘复现的共有主题即可。数据和方法部分，以及研究结果部分都相当直截了当，直接描述数据及对其采用的分析方法，介绍研究发现就行了。最后一部分是讨论和结论部分，写这一部分时，要在先前研究发现的大背景下解读自己的这些研究结果（即RTC、RCL）。把所有这些部分在已有的一整套篇幅和字数限制下写出来，就大功告成了。

在期刊文献的这几个组成部分中，文献综述对于学术作品的结构和文本组织起到最重要的作用，所占的篇幅也最大。这就是为什么需要写好文献综述。学生必须阅读其他学者的著作，才能写好文献综述。如果他们写不好，那么不是因为他们没有拟提纲，而是因为他们没有深入阅读相关文献，所以不能为自己的提纲找到一个一以贯之的观点。不充分阅读就写论文就跟不记单词就说外语一样不靠谱。你也许懂得一门语言的句子结构和语法规则，但如果没有足够的单词量来应用这些规则的话，你是不大可能说出有意义的话语的。要写一篇学术论文，哪怕只是动动这个念头，你都必须广泛阅读；要写出一篇专业水准的学术论文，你必须进行批判性的阅读，并且将这些批判转换为证明自己论文必要性的令人信服的理论依据。然后你就可以收集和分析数据，并将其写入论文。

阅读期刊论文时，ROF是含金量最高的信息。如先前提示的，这些ROF将会成为学生所写论文的SPL。但是在写自己的论文时，文献综述才是期刊论文写作过程中最为关键的一环，因为它会影响整个论文中的先行（摘要、前言）和后续（讨论、结论、参考文献）部件。不管你信不信，学者们应邀对期刊论文进行同行评议时，最先阅读的部分不是摘要或前言，而是参考文献。通过通读作者的参考文献清单，我们可以辨别出作者的阅读量是否足够，阅读范围是否合理。此外，我们还可以预测要评议的论文中的论证逻辑会如何展开。

在阅读过程中使用阅读密码，并在读完后将阅读密码概要地录入阅读密码整合表，只要这样做了，文章的写作方式和写作内容自然就会浮现于脑海之中。如果学生以积极阅读的方式读了足够多的文献，并且将其阅读的文章有条有理地填入了整合表中，那一篇8000字论文的提纲就会自然而然地浮现于他的脑海之中，整个论文的结构也会自然显现。

除了专业水准的期刊论文，学生们也不妨考虑另外一种可选的写作工程，该工程的强度和要求都远低于一篇8000字的论文。

● 短篇报告、快报和研究简报的结构

在大多数社科领域中，都有比平均长度（8000~10000 英文单词）更短的文章。在社会学和犯罪学中，这些文章被称为"研究简报"（research notes），一般在12~20页。在心理学中，这种文章有两种形式："短篇报告"（short reports）和"快报"（flash reports）。短篇报告是少于5000字的研究文章，简报则少于2500字。这三种论文尽管篇幅短小，但其中涉及的工作却与前面讨论的标准长度论文无太大区别。

例如 Usoof-Thowfeek，Janoff-Bulman 和 Tavernini（2011，p.1）开展了3项研究来考察"道德判断中的自动和受控过程"的作用。这篇文章的打印长度为6页，比打印出来平均20~30页的期刊论文要短得多。它遵从心理学惯例，把文献综述放在最前面，在该部分，作者简明扼要地在短短3段就完成了对先前研究的总结（SPL），然后在第四段里出现了如下的句子：

（1）Haidt（2001，2007）指出，道德"推理"常常作为一种事后过程来为我们的自动反应提供证据支持。但他也承认理性考量能够改变我们的直觉反应。（2）然而迄今为止，很少有实证研究考察了道德判断中自动过程和受控过程之间的联系。（2011，p.1）

这里析取标志的出现再次不出所料地暗示了在句子2中将要出现的 CPL/GAP。如果说前面三段总结了文献的现状，那么句子2就

通过指出其中的一处缺陷,来对其进行了批评。在下一段里,作者提供了研究的理论依据:"我们相信如果要理解道德判断中自动过程和受控过程间的联系,社会危害可能会是一个特别重要的变量。"(p.2)在提出这一理论依据之后,作者接下来介绍了他们在其研究中所检验的三条假设。报告剩下部分的格式就颇为眼熟了:数据和方法部分描述了第一项研究中使用的材料、参与者和步骤;然后是简短的关于第一项研究的结果和讨论部分。接下来相同的流程重复应用于第二项研究和第三项研究。这篇论文的最后部分是一个总的讨论,阐述了他们的ROF与先前研究之间的联系。

在 Cao, Adams 和 Jensen(1997, p.368)的研究简报中,作者们提出并解决了如下问题:"本文中报告的研究对他们[Wolfgang 和 Ferracuti, 1967]提出的暴力主题的黑人亚文化进行了检验。"他们在解决问题之前,首先介绍了暴力主题的亚文化是什么,并对其进行批评,然后才把自己的WTD抬出来。在这篇发表于《犯罪学》期刊的研究简报中,文献综述和前言部分合并为一个部分,这有点类似于心理学刊物中的做法。在这一部分里,作者先讨论了Wolfgang 和 Ferracuti的研究(SPL),然后有条不紊地陈述了以下论点:

> 黑人中的暴力亚文化与暴力行为间的联系在很大程度上仍悬而未决。(p.368)
> 尽管 Dixon 和 Lizotte 对现实生活中的个人信念进行了直接测量,但他们并未对 Wolfgang 和 Ferracuti 提议控制的所有自变量(如就业情况和暴力史等)进行控制。(p.369)
> 关于暴力亚文化的现有研究显示该种族在直接检验中被严重忽视了,也显示南方人关于暴力的信念已经受到了关注。(p.369)

以之前的 CPL 和识别出的 GAP 为基础，作者旗帜鲜明地陈述了他们的工作将会如何弥补暴力亚文化的相关文献中的缺陷，从而回答了"意义何在"这一问题。你可以轻易看出短篇报告和它们的同宗兄弟——标准长度论文之间的异同之处。它们的相似之处在于谋篇布局中都同样以先前文献的总结为开头，然后过渡到批评和研究空白，最后以对这些空白的补正收尾。它们的相异之处在于短篇报告所处理的主题非常小，这就将其综述的文献的范围限制在为数不多的几个主题之内（篇幅也相应压缩至寥寥几页）。在讨论和结论部分，这种压缩也自然地延伸到研究得出的 ROF 上，以及它与先前研究成果的关系解读上。如果说前言有点像文献综述的压缩版，那么研究简报和短篇报告也可以类似地理解为标准长度研究论文的压缩版，因为其中所做的工作较少，但形式和结构却类似。

学生在上进心的推动下写作并完成了一篇论文或研究简报，在向期刊投稿之前最好交给一名指导教师审阅。我建议，在将一份期刊作为标准长度论文或研究简报的潜在投稿目标之前，本科生和研究生应该考虑另外一个目标——参加本学科的学生论文竞赛。在有些情况下，如果学科协会是竞赛的组织者和赞助者的话，获得最高奖的论文会在期刊上发表，而且评判标准很可能不像专业的同行评议那么严格。因此学生论文竞赛是试水热身的好地方，避免你第一次跳入学术成果交流的水池中就得面对像鲨鱼一样凶猛的同行评议者。

第7章

阅读密码表适用于非社科文本吗?

迄今为止,我已经论证了阅读行为重要于写作行为,原因很简单,在学生能够写作之前,甚至在能够制订据以筹划写作的大纲之前,必须知道自己要写些什么。在社会科学文章(即研究论文)这一前提下,"写些什么"是由作为论文存在理由的理论依据决定的。我已经论证了这一理论依据既源于根据主题加以组织的对现有文献的摘要,也源于发现现有文献中研究空白的中肯批评。一言以蔽之,对大多数研究导向的社科期刊论文来说,其作者必须能够回答"意义何在?"这一问题。而为了能够回答这个再简单不过的问题,现有知识中的缺陷必须在自己的研究里得到弥补。如果研究论文要考察实质性的议题、主题或问题——不管这篇文章是荣誉学位论文、硕士学位论文、博士学位论文还是期刊论文——作者都必须说服读者相信他所做的这项学术研究的必要性。

以社科期刊论文为示例,我已经说明了,这些文章中的文本结构组织方法是可以被预测的。我展示了那些不同的文本模块在社科文章中各有其特定的文本功能。我还指出了研究文章中最画龙点睛的部分是文献综述,因为它在任何一篇研究论文中都会对其先行和后继的部分产生影响。在3、4、5这三章中,我教学生阅读期刊论文中的各个组成部分（如摘要、前言、文献综述）。在第6章，我介绍了一些管理从阅读密码中所获得的信息的简单办法，学生只需按图索骥地将这些信息填入整合表，即可将期刊论文中的已有文献和研究结果按主题加以组织，从而启动正式下笔前的"前写作"进程。我还提出了使论文写作效用最大化的约束原则，因为对于那些立志写出专业水准论文的人来说，它也是必不可少的实用伦理。

我已经使用了犯罪学、心理学、社会学、教育学、健康学及传播学等学科的社科期刊论文展示了阅读密码的普适性和实用性。在这一章里，我想要确认阅读密码是否适用于其他非社科类学科，这些学科更为理论化（亦即缺乏实证数据），也更为抽象（如哲学）。我这样做的目的是向读者展示，只要是学术研究，都会按我所描述的思路加以组织，社会科学并非特例。按我的看法，以做学问为前提的研究发现或论证结果都会与现有的断言发生联系。我还认为，不管是社会科学还是人文学科，其内部的不同观点间都有辩证联系。

● 非社科文本的例子

下面将要考察的第一篇文章名为《斯坦利·费什的反自由主义中的教会与国家》，该文载于《美国政治科学评论》，作者是 J. Jude Owen（1999）。我们选来细读的这篇文章算不上人文学科的代表作品，不过自由主义这一主题是常常在政治哲学中讨论的。在政治科学的语境中，政治理论构成了美国政治科学协会这一主要学科管理机构的一个分支学科。尽管政治科学中开展的大多数研究都是实证性的、数据驱动的、定量的，并属于社会科学的范围，但政治理论这一领域在相关理论家、写作风格和论证模式等方面，与哲学的相似性比其他社会科学门类大得多。由于这些原因，我们选择了Owen（1999）的文章。

Owen（1999，p.911）的文章中，摘要恰好有100字。组成摘要的四个句子所履行的功能与本书迄今考察过的极为类似。

（1）尽管包含了当代政治思潮中对自由主义最有力的批评之一，Stanley Fish的政治文章仍然被政治理论家忽视。（2）Fish对于自由主义所宣称的道德和宗教中立进行的批评指向一个结论，即自由主义对教会和国家的分离缺少连贯的正当理由。（3）我对自由主义有保留的辩护是，尽管Fish对于自由主义中立性的批评是有根据的，但他并未给自由主义的真实基础以公正评价。（4）此外，Fish的思考仍然以其未认识到的方式落入了自由主义的视域。

第1句所做的事情是批评已有文献（CPL）并指出现有文献中的GAP。简单说来，Owen声称，尽管Stanley Fish的文章所蕴含的观点对政治理论家而言并非无足轻重，但它们却遭到忽视而未成为探究对象。政治理论家未能仔细考察Fish的著述对自己学科的启示。"忽视"一词暗示文献现状中有所缺失。第2句总结了一名理论家的研究。实际上，Stanley Fish的文章是这篇论文将要论述的主要话题之一。因此，第2句作为背景材料应视为SPL。第3句干的是WTD的工作，因为在该句中作者告诉了读者他将会在论文中干什么（"对自由主义有保留的辩护"），同时也指出了先前研究中的另一处CPL（"他并未给自由主义的真实基础以公正评价"）。这样，在恰好100字内，Owen文章的摘要所履行的功能，与我们迄今考察过的其他社科期刊论文的摘要非常类似。摘要提供了文献的简短总结，对其的批评，以及关于接下来作者将会如何弥补缺陷的告知。

Owen（1999）的论文在结构组织方式上也明显类似于本书迄今所考察过的文章。该论文被组织为五大节，每节所配的小标题都充分地描述了该节的主要论述话题。在这五节中，作者讨论了先前研究者的工作，对他们进行了批评，发现了他们研究中的一处 GAP，并准备对其进行弥补。这一步骤首先在摘要中，然后又在第一大节的头两段中进行了预演。这两段就其内容而言可以很贴切地称为"前言"。在前言的第 1 段里，Owen 继续总结了 Stanley Fish 的著述中和政治理论密切相关的那些方面（SPL）。然后，在第 2 段快结尾的地方出现了下面这些句子：

> （1）Fish 是反基础主义的重要拥护者，反基础主义坚持认为所有被宣称为知识的东西都来自特定的、属于某派别的视角，是"被社会构建的"，因此永远不会是公正或客观的。（2）尽管该学说过于极端，Fish 的批评异常激进这一特点却来自他对一个领域的集中关注，这虽是一个具有爆炸性潜力的领域，看上去却为许多政治理论家所忽视。这一领域就是反基础主义和关于宗教的自由主义学派间的理论结合，而后者是自由宪政的基础。（3）……（4）本论文列出了 Fish 的批评，并针对这些批评进行了有限的辩护。（Owen，1999，p.911）

和其前的句子类似，句子 1 总结了先前学者（Stanley Fish）的主要观点。然而在句子 2 里，"看上去却为……所忽视"这一表述提供了一条线索，告诉我们文献现状中可能有所缺失。那么研究中的缺失要素是什么呢？是对"反基础主义和关于宗教的自由主义学派间的理论结合"的考察。也就是说，还没有人考察反基础主义这一思想流派可能会如何影响自由主义和宗教的交叉点，而这一交叉点是"一个具有爆炸性潜力的领域"。这样的一个说法就构成了文献中的一处GAP，隔了一个句子，Owen告诉读者他将会如何填补这一空白：列出Fish对自由主义的批评（SPL），并为自由主义进行辩护（WTD）。读者可以预测并期望，文中剩下部分干的事情不外乎此：提供对Fish的主要观点（Fish对自由主义的批评）的总结（SPL），然后对其批评进行批评（CPL/GAP）；然后他会接着为Fish所批评的东西进行辩护。

句子4构成了一个WTD，因为作者告诉读者他将会在论文中做什么。但是请注意这里所缺的东西：没有像我们在其他社科论文中看到的那样可以明确充当RAT的句子。通过指出GAP来推断自己这项研究的必要性——亦即RAT的存在，这一工作留给了读者。你可以把这种做法称为"读出言外之意"，因为从逻辑上讲，RAT应该衔接于GAP和WTD之间。我们可以由此猜测，人文学科文本所独有的一个特点可能是，留给读者做的事情要多那么一点点，这多出来的一点点必须得靠推测。给定命题A在前，结论C在后，要你推测出不声不响的B的存在，这一过程留给了读者。这也正是三段论推理的典型结构。除非有人明确地教给了读者这种论证的逻辑结构，或者读者在上进心的驱使下对该模式进行了自主考察，否则他在阅读过程中很可能会漏过这隐藏的一步。我们可以暂且把这说成是社会科学文章与哲学文本的一个不同之处。社会科学文章很少为读者留下推断的空间。这样那样的阅读密码布满了整篇文章，而这些密码不啻为一种标志，证明文本中可做的文本分析工作都被完成了。

同时也请注意，做学问的过程中存在的三位一体特色，这一点也是社会学科和人文学科的共性。Fish 对自由主义的批评同时构成了对已有文献、先前观点的集合和对先行研究（社会科学意义上的）的成果总结，因此从本质上讲，Fish 对自由主义的批评也就是 Owen 的 SPL。Owen 在名为"宗教和自由理性主义的死亡"的第一大节里用"蜿蜒曲折"一词描述先行研究。这个词用意颇深，因为它将现代政治和法律理论的传承追溯到诸如托马斯·霍布斯、勒内·笛卡尔、伊曼努尔·康德、弗里德里希·尼采、约翰·斯图尔特·密尔和约翰·罗尔斯这样的哲学家。这些名字放在一起实际上就是西方智识史中的名人录，所以如果把他们的观点仅仅称为"有趣的"，那就是大不敬了。然而"蜿蜒曲折"一词却生动传神又言简意赅地描摹出过去五百年西方政治哲学变迁起落的历程。也就是说，要理解 Fish 对自由主义的批评，至少要有关于自由主义为何物的背景知识。

政治理论家们煞费苦心地为道德观点与哲学观点之间的差异进行了门类划分，而正是这些差异导致了个人和国家间的冲突。为什么道德、哲学和政治观点中的基本差异可能是潜在冲突的理想温床，这一点谁都能看出几分端倪。关于是非界定，关于崇拜哪个神以及如何崇拜，这些方面的差异和分歧已经导致了——而且会继续导致——国家和个人间的冲突，所以才会被称为"一个具有爆炸性潜力的领域"。自其发端之日，自由主义的宏愿就是设计出一种方法来为各种社会创造稳定的道德秩序，做到这一点不是靠对社会公益的构成特征（内容）进行界定，而是靠集中精力对社会公益（如工作、利益）进行（在程序和方法层面的）公平分配。正是由于这一点，宗教、道德和趣味方面的个人差异才不会影响政治制度。Fish 对自由主义的批评是，一旦一个人抛开他/她最为珍视的信念和价值观（如宗教教义），那些信念就失去了其本来面目：在信徒口中使宗教成为宗教的核心价值观。Fish 对自由主义的批评是，完全可以视其为另一种形式的教会（也就是说，它并不能独立于内容而存在），尽管它声称自己是中立的、程序导向的。在他的批评中，自由主义是自相矛盾的一团乱麻。那么 Owen 是怎样批评 Fish 的先行研究的呢？"因此他［Fish］的批评指向是非常彻底的：可以说，谁都不能幸免——包括宗教正统，甚至神权政治在内"（Owen，1999，p.913）。这样的一些句子可以被归为 CPL。同样功能的句子还有一些：

> 当代政治理论家已经颇费口舌地争辩了自由理性主义之死对政治学带来的后果，但一个极为关键的方面却被忽视了。（Owen，1999，p.912）
>
> 自由理性主义之死对于自由主义的宗教观有何影响，这方面的直接论述还很少看到……（Owen，1999，p.912）。
>
> Fish 认为，如果沿着反基础主义的思路一直走下去，那就意味着放弃所有那些兼容并包和不偏不倚。这对于宗教自由和政教分离又意味着什么呢？（Owen，1999，p.912）

上面这样的句子与前面段落中的总结形成了很好的对比。如前面章节所示，CPL 总是位于 SPL 之后，因为要想对某个观点、某些研究发现和某种思潮进行批评，首先得让别人知道批评对象的内容是什么，这才符合逻辑。还是那句话，要想批评什么，就得先介绍什么。这就是 SPL 的功能之所在。但如果现有文献充足的话，就没有必要再把众所周知的内容搬出来炒冷饭了。新文章和新书之所以写出来，正是因为有其他作者相信他/她可以改变争论的走向，质疑当下的发现，以及为某一问题提供新思路。这正是 CPL 的功能：它们以系统的、令人信服的方式，引起人们对已有研究中局限和缺点的关注，从而为 GAP 的出现铺平道路。以上的论文摘录表明，先前章节中的 CPL/GAP 同样为该文提供了理论依据,但其功能的实现方式比社科期刊文章更为隐蔽。那么 Owen 将会怎样对从 CPL 中导出的 GAP 进行弥补呢?

> 针对 Fish 的批评,我为自由主义做有限度的辩护。首先我会展示 Fish 是如何得出其极端结论的。然后我将会论证,尽管从其结论而言,他的反自由主义倾向十分激进,但他仍然与自己如此热衷批评的自由主义世界观纠缠不清……我的结论是 Fish 低估了自由主义在观念和道德上的力量,这种低估很大程度上是由于他把中立性误认为自由主义的精髓……(Owen,1999,p.913)

在以上的节选片段中,Owen 为读者提供了自己在论文中要做的事情的路线图,因此该段可视为 WTD。类似的 WTD 我们在社会科学论文中已看到不少。上面这一段抓住了作者在文章中提出的主要(研究)问题。在社科期刊文章中,这些问题的解决是靠收集和分析数据,然后推出结果。但是在某些综述性文章里,在理论性文章里,在哲学文章里,是没有明确的数据可供分析的。相反,新的论断和结果只是论证的产物。Owen 花了数页篇幅质疑 Fish 对自由主义的预设、他的结论以及他的主张(假定为真)的逻辑后果。换句话说,Owen 把 Fish 教授的文章作为资料,并尝试将其作为 POC 使用,借此构建自己接下来的论证。Owen 的新"发现"类似于我们在前面章节中所看到的 ROF,只不过这些论断来自对先前论证的批评,而非来自"实证"数据。论证是"任意的这样一组命题,其中的每一个命题都由其他命题导出,其他这些命题为其真实性提供了支持或根据"(Copi & Cohen,1990,p.6)。想见识一下这样的"结果"吗? 请细读下面这些句子：

> 那么我们可以说，Fish 的反自由主义和自由主义一样的包容。（Owen，1999，p.920）
>
> 自由主义对 Fish 的影响程度大于他自己的认识。（Owen，1999，p.921）
>
> Fish 没有充分认识到，他的反基础主义完全建立在自由主义的预设的基础上。这样一来，不管他的目标是多么地反自由主义，他仍然躲不开自由主义微妙而强劲的影响。（Owen，1999，p.923）
>
> 这样 Fish 就严重地误判了自由主义对宗教的反对程度和反对方式。（Owen，1999，p.923）
>
> 正是部分地由于（宗教为自由主义提供的）这种对私人领域的保护所带来的好处，自由主义才值得为之辩护。（Owen，1999，p.923）
>
> 多亏了自由主义，"文化战争"才取代了内战。我们应该为此感恩。（Owen，1999，p.923）
>
> 即使你认识到自由主义相对于终极真理而言，存在着极大的局限性，你也有道德义务去支持自由主义，因为没有更好的、更可行的替代选择。（Owen，1999，p.923）

像上面这样的句子并没有指出先前著作中的批评点，也没有哪怕走过场式地指出某处空白或理论依据。它们都宣称某些东西。我们甚至可以把上面的这些陈述称为结论，因为这些命题是"以论证中的其他命题为基础而申明的"（Copi & Cohen，1990，p.6）。这所谓的某些东西产生于他指明的同类话题的先前文章中的批评点。从语法上讲，这些结论总是由一些结论标识词开路，例如"因此""从而"

"这样""结果""出于这些原因"，等等。Owen 所做的这些论断是新的——它们萌发并脱胎于 Fish 先前所做的论断，而 Fish 自己的论断又萌发于别人在他之前做出的论断。这个过程——论断→对论断的批评→新的论断——正是学界中人做所谓学问时所干的事情，因为对一个论断的异见和质疑而驱使其他人来修正和补充最初的论断（Fish，1980）。这种不断进化的论断生成循环可以被贴切地称为辩证过程，因为观点脱胎于其他的观点。无中不能生有①。这个逻辑对所有社会科学文本都适用，从大四学生的研究论文到博士学位论文，它们之间的区别在于写作的规模和复杂程度，而不在于基本形式或逻辑结构。

Wyller（2005）的《疼痛在生命中的位置》一文载于《哲学》期刊，其前言共由七段组成。必须指出，这篇文章没有摘要，即没有一篇 100~150 字的梗概来告诉大家文章是关于什么的，这种模式在哲学期刊中好像还颇为常见。因此学生读者无法通过研读摘要来判断其是否真的和自己选择的写作主题相关。读者必须辛辛苦苦地读完前言，才能看出该文是否应被纳入自己的文献综述。

第二个关于哲学期刊文章值得一提的现象是，它们没有数据与方法、研究结果和讨论等部分。可以用来解释这一现象的一个事实是，政治理论、文学批评和哲学这些学科通常都不进行社会科学意义上的数据收集和分析。这样一来，文学批评家总是使用小说家、哲学家和其他作者的真实文章来作为其研究分析的语料库。而且因为没有社会科学家所习惯的那种"数据"存在，所产生的"研究结果"的特点也很可能有所不同。这类文章所发现的"研究结果"（我在社科文章中将其称为 ROF）更有可能是作者对先前作者的论证进行质

---

①原文中此处为拉丁语：Ex nihilo nihil fit。——译者注

疑的论证,因此它以先前知识为基础并提供了新的论断。这一模式在我们刚刚考察过的文章中非常明显。由于不能看到研究结果(Results of Findings,ROF),我们在读哲学类文章时只能预期与ROF对应的部分是论证结果(Results of Argumentation,ROA)。但是除了没有摘要、数据与方法、研究结果和讨论等部分外,哲学期刊文章和社科期刊文章间还有其他的差别吗?

　　为了展示哲学期刊中的文章组织方式,我这次选择逆推式解析,这种工作方式与凶杀案侦探的侦破方式非常相似,他们总是逆推式地再现罪案现场,辨识受害者最后的位置。就像处理特别困难的逻辑问题或凶杀侦破一样,我们有时必须假定某一结论错误,然后着手尝试去证实它,以此发现真相。

　　那么被Wyller(2005)在《疼痛在生命中的位置》一文中宣称为"新论断"的是什么呢? 他在论文中所提出的,明显有别于在疼痛这一主题上著述更早的作者的这一论断到底是什么呢? 答案出现在文章的结尾处。最后一段一开始,Wyller就回到了在其论文中作为头号发力对象(这非常类似于Owen对Fish的做法)和批评对象的作者——John Hyman——身上,并且将Hyman的习语作为其论断背景:"(1)I have an itch in my toe(我脚趾头痒);(2)I have a headache(我头痛);(3)my leg is hurting(我腿痛)"。然后Wyller继续写道:"我承认结构上的对等性,但我不能同意的说法是(3)比(1)和(2)的透明度更高。"

　　有两点值得详细讨论。第一,"透明度"这一概念的意义取决于第二个论断(Wyller的)与第一个论断(Hyman的)的相异之处。我们可以预期,论证结果(ROA)将会围绕透明度这一问题展开。第二,"我承认"和"我同意"这两个短语尽管有别于社科期刊论文的行文,但其所履行的功能却与前面章节中指出的类似。"我承认"是(发现的、论证的)结果和先前发现相一致的另一种说法。这样的说法表明,Wyller所提供的一些ROA和先前学者(如Hyman)做出的论断相一致。所以说,尽管没有给出社会科学意义上的"研究结果",但是如果我们把"发现"换成"论证"的话,概念上的对等仍然成立。

哲学家们通常不会像社会科学家那样收集数据,他们的数据就是先前学者生成的文本和论证。因此"我不同意"这一短语应被视为"与现有文献观点相反的研究发现"(Results to The Contrary,RTC)的几可乱真的手足兄弟。如果把"结果"换成"论证",我们也可以看出Wyller给出的论证有悖和有异于先前发现。那么Wyller的新论断是什么呢? 他写道:"如果非让我选的话,我会说(1)和(2)更为透明;它们把(3)中也隐含着的话说到明处了:一个有所感的人。"然后在最后一句里,读者终于等来了一个新的论断,一个算得上ROA的东西:"因此尽管Hyman把疼痛视为人类肢体的某些模式,我却视其为人类处身于其肢体中的某些模式"。

你大可以质疑说这两种断言的区别看上去无足轻重,不过一如既往的是,对于这些断言的优劣轻重,我是无力评判的,因为我在这一学科中所受的训练不足,就连感受一下这种差别的大小都做不到。不过假使我们拿得准,"人类肢体的某些模式"和"人类处身于其肢体中的某些模式",这二者间的差异算不上多大,那么Wyller所做的也正是社会科学家会在自己的论文中做的事情:给出新的论断,不用新到转换范式的程度,新到足以让同行评议者认可其对知识的贡献,相应地为文章发表投出赞成票即可。你也可以说Wyller只不过是转了个直角弯。

让我们从结尾开始,反向推进。我们已经知道了Wyller的结论和他的新断言,但是为了导出这一结论,他问了什么样的问题呢? Wyller(2005,p.385)的文章以如下方式开头:"我操起一把钉锤往墙上钉钉子，但却突然敲到了左手拇指上。我自然而然地抽回手，大叫起来。那么疼痛位于何处呢？"Wyller将这一首要问题置于Hyman"疼痛和位置"一文中的研究的大背景下，他的发力对象正是这一先行研究，这一先行理论家。他也通过批评Hyman的研究来证明自己论文的必要性："然而我相信他过于夸大了自己的论点，结果将一些天然的同盟军弃之不顾。Hyman可以说，我拇指的疼痛位于我的拇指处，这是对的，但是按照维特根斯坦式的表达也可以说，我整个人都身处疼痛之中，这也是对的。"

Wyller对先前研究的观点是它们没有很好地辨明疼痛体验的位置（CPL），他想要扩大疼痛的处所和体验范围。而且通过将"我们的注意力转向具身的意识这一事实（embodied consciousness）"，Wyller会在自己的论文中提议对有关疼痛的哲学文献的局限进行弥补。这正是其论文的理论依据（RAT）。但请注意，这样的理由和路线图并未明确陈述，读者必须在阅读过程中推断出其中的一两个步骤，这个任务在社科期刊中是不必完成的。如果对于有关疼痛的文献没有足够的背景理解，或者对于读者必需的课外作业估计不足，那么阅读此类文章的本科生就很容易在阅读所必需的推论工作中迷失方向。

"具身的意识"这一术语不仅默默地为其研究提供了理论基础，而且暗示了为构建其论证将会对哪些文献进行综述。为了对先前文献进行总结（SPL），也为了忠于其学科特性，作者在串联整篇文章时首先介绍了亚里士多德的研究，然后他把自创生（autopoiesis）的概念与亚里士多德联系在一起，接着又提出了意识的物质基础。下一步作者引入了康德和维特根斯坦，以使读者在领略其论证思路前先稍作热身："因而我建议将自创生的整体/部分联系作为理解幻肢痛的关键"（Wyller, 2005, p.393）。请考虑一下为什么幻觉会带来这么多麻烦，对他的问题的最困难的检验又是什么。如果是不小心把钉锤砸在大拇指上,那么解释你拇指的疼痛时你总能言之成理,不管你把这种疼痛说成是位于大拇指里也好,位于大脑中也好,位于神经系统中也好,毕竟疼痛都是"真实的"。但是,幻肢痛产生于被切断的肢体,那解释起来就有点麻烦了。他必须通过论证而非数据收集来展现这一答案:

> 在当今的自然科学领域中,你可以发现生理学上的、热力学上的、信息理论上的、生物化学上的和遗传学上的"生命"定义。你找不到一个统一的定义。但这也可以让任何人名正言顺地思考,这么多定义中,哪一个能够最好地体现出我们自然而然地对生命和非生命所做的区分。(Wyller,2005,p.387)

这就说明了为什么 Wyller 为了回答自己的问题,必须将以上所有硬科学的知识综合起来。解释被切断的肢体的疼痛,这一任务要比解释完好无损的大拇指的疼痛困难得多。为了提供充分的背景知识(SPL),作者必须跳出自己的领域,从各门自然科学的研究中汲取营养,才能更好地支持自己的论断。不管你是否跳出自己的领域,对文献先集成再批评都需要大刀阔斧地进行取舍,以及做浓缩工作。为了自己的研究,作者们必须想办法对该话题下分出的各类众多主题进行提炼,并且一再重复这一过程。哲学中的文献集成也沿着与社科不同的道路进行。你必须先查阅和回顾经典作者,然后再将其晦涩的概念应用于你的论文,使其配合你的目标。通常的做法是,你得先找到新的概念,然后对其进行解释,以证明其与你正在做的研究的相关性,这种做法也是理论论文与研究论文的一个不同之处。在这样的论文中,现有观点被重新定义,重新构造,并且被征用来生成新的观点,这从 Wyller 对生物学概念的使用中可见一斑,他利用它们对生命的概念重新进行了定义,然后使其在关于疼痛的论文中服务于自己的目的。而在社科研究论文中,"新的角度"是用来分析的实证数据,而非新颖的观点。

社科文章和哲学文章间最后还有一点差别值得一提。在前者中,作者通过指出自己的研究和文章的局限性,使未来的治学进程从当下开始。这种自我批评为其他人可以开展的未来研究铺平了道路。如我们所见,对未来研究的建议(Recommendations for Future Works,RFW)旨在为未来的学者和研究指出改进途径,因此履行的也是类似的任务。但考察哲学文章时,我们发现读者必须独力想出POC 和 RPP,而不能太指望来自作者的帮助。在我们目前看到的哲学文章中,都没有给未来作者提出的仁慈建议。后行学者必须挖掘先人作品字里行间的意思,从中找出 GAP 和 CPL,并且琢磨出隐藏于文中的 RAT。这些基本要件时有时无,这使得困难被进一步放大了。换句话说,这种缺乏重复相关内容的做法导致读者在阅读过程中只能靠自己。对于本科生或者研究生新手来说,挖掘字里行间之意是一项严酷的任务。

到此为止,我已经论证了社会科学文本和哲学文本间有相似之处,原因很简单,做学问总是具有对话传承的特点。我们已经看到社会科学家、政治理论家和哲学家在文章的开篇处都会介绍一系列现有思想(SPL),然后对其进行批评(CPL),以使人关注文献中的欠缺内容(GAP)。指出这种欠缺之后,不管是否点明,作者就已经为自己论文的存在提供了必要的辩护理由(RAT)。在本节中,我要将阅读密码应用于一本在本科时期对我产生了重要影响的书籍。阅读密码能适用于这部 100 年来最有影响的思想著作之一,从而为我在本书中提出的论断提供支持吗?还是阅读密码会对其一筹莫展,其表现仅仅如同学术大厦墙壁上的涂鸦?

罗尔斯(Rawls,1971,pp.ⅶ-ⅷ)在其《正义论》一书的序言第2段中,以如下方式开篇:

> (1)也许通过如下方式我才能最好地解释我写作本书的目的。(2)在现代道德哲学的发展历程中,很多时候居于主导地位的系统理论都是某种形式的功利主义。(3)这种现象的一个原因是它得到了源源不断的众多才华横溢的作者的支持,他们前赴后继地发展出一系列思想,其视野之广阔和论证之精妙都令人印象深刻。(4)我们有时会忘记这些伟大的功利主义者,如休谟(Hume)和亚当·斯密(Adam Smith),边沁(Bentham)和密尔(Mill),他们都是一流的社会理论家和经济学家,(5)因此他们的道德教条的设计目的是满足自己更为广泛的兴趣的需要,并且仅仅作为其综合方案的部分内容而存在。(6)但他们的批评者的批评战线却要窄得多。(7)他们指出了功利原则的模糊性,并指出这些原则的启示与我们的道德感有诸多明显的违背之处。(8)但我认为他们没能通过建构一个可行的和系统的道德概念来与之对抗。(9)结果就是我们常常看上去被迫在功利主义和直觉主义之间进行选择。(10)十之八九我们会最终将就于功利主义原则的某种变体,这种变体在某些方面又会受到直觉主义的临时应急式(ad hoc)的修正和限制。(11)这样的观点说不上不理性,(12)而且也无法保证我们可以有所改进,(13)但这并不构成不为之尝试的理由。

我们如何理解这一小节文本呢?作者在这一段里想要做什么

呢？句子1看上去干的是WTD的活儿，但是我们还拿不准罗尔斯在自己的书中到底要做什么。那么他想要做什么呢？句子2介绍了本段有关的内容。此外，罗尔斯还告诉读者一种特定形式的哲学"居于主导地位"。句子2—5所提供的内容可以被确切地识别为SPL，因为罗尔斯对先前的著作进行了总结；句子3—5详细讨论了在此主题上有所著述的前辈学者（休谟、亚当·斯密、边沁和密尔）、他们的影响以及建构暂且可以称为"综合"方案的先行尝试。句子6—7里提供了已有著作中的先行CPL的SPL，也就是说，罗尔斯以SPL的形式按照主题分门别类地为读者提供了对现有研究的批评（Critique of Previous Research，CPL）。那么他所提供的到底是什么样的批评呢？

罗尔斯指出功利主义理论的启示和个人自身的道德感有冲突。那么这又意味着什么呢？举个例子，假如我们必须要杀死一个无辜者来挽救100个人的性命，那么这个决定在道德上是正当的吗？最偷懒的功利主义版本中的指导原则是：只要这个决定能给最大多数人带来最大的好处，那么它对一个人的基本权利的侵犯就是正当合理的。哪怕在最为温情脉脉的形式后面，功利主义化的民主的实质仍不外乎此。总之在句子1—7里罗尔斯所做的事情是，提供了SPL以及按主题组织的对CPL的SPL——对先前研究和先前批评的总结。

但是句子8开头的几个词"但……他们没能"暗示罗尔斯将会提出自己的CPL。如我们在前面章节所见，这样的析取标志预示着下面将会出现的转折（例如"我喜欢你，但是……"）。那么罗尔斯对先前文献的批评点（CPL）是什么呢？他的批评是没有一个系统性的方法来对抗假想例子中所展示的道德上令人不快的逻辑结果。这样的一个论断构成了GAP。如果占主导地位的哲学形式是功利主义，而且根据其信条，令人厌恶的结果在实际和民主的基础上是合理的，同时，除了一种耿耿于怀的直觉（即这种做法违反了某种预先存在的道德感）之外，没有任何有力的和系统的道德论证可以反对这种做法，而且只存在解决这种问题的"临时"方法，那么又该怎么办呢？在对抗这一结果方面，罗尔斯能够比直觉主义和临时应急式的方法做得更好吗？他无法确保这一点，说"无法保证我们可以有所改进，但这并不构成不为之尝试的理由"。

　　上面的这句话算不上论证多么有力的理论依据（RAT）。设想一下，如果有人问罗尔斯，为什么他必须要写《正义论》这本书。很明显他已经在文献中找到一处GAP，但他并未信心满满地宣布自己作品的必要性，而只是给出了以上的答复。罗尔斯的回答也可以用一个类比来描述，设想一个女孩要一个十几岁的男孩给自己一个像样的说法，说明为什么她应该与之交往。他给出了这样的答案："如果你不想和我交往，这也说不上非理性，而且也无法保证我可以胜过你的前任男友。但那并不构成不和我交往的理由。"这样的回答很犹豫，相当软弱，只有George McFly才会这么说[1]。你都会忍不住想要捐钱给他，让他买面包时顺带买点自信心回来。又或者，罗尔斯很可能只是在谦虚呢。看一看下边这一段是怎样组织的吧：

　　　　（1）我所尝试做的事情是对以洛克、卢梭和康德等人为代表的传统的社会契约论加以概括，并对其进行更高层次的抽象。（2）我希望借此使这一理论能够得到进一步的发展，并使其能够抵御那些更为明显的、常被认为是致命的攻击。（3）此外，这一理论似乎提供了对正义的另一种系统

---

[1]George McFly是美国科幻喜剧电影《回到未来》中一个性格懦弱的角色，不敢追求自己喜欢的女孩。——译者注

性的描述，并且胜过，或者说在我看来胜过，居于主导地位的功利主义传统。（4）这一理论本质上是高度康德式的。（5）实际上我必须承认，我提出的观点没有任何原创性。（6）主要的观点都是经典的、众所周知的。（7）我的意图是通过某些简化手段的使用，将这些观点组织为一个总体框架，以使其力量被充分感知。（8）契约传统中隐含着另一种正义概念，如果本书能使人更清楚地看到这种概念下的正义的主要结构特点，并指明对其进行进一步探究的方式，那我对这本书的野心就完全实现了。（9）我认为，在众多的传统观念中，正是这一概念最大程度地贴近了我们对正义深思熟虑的判断，并且构成了一个民主社会最为恰当的道德基础。（Rawls，1971，p.Ⅶ）

如果有谁在街上滔滔不绝地说了与上面这一段大意相同的话，那它后边还必须得跟上一句"我这个笑话怎么样？"原因如下：如果休谟、边沁、斯密和密尔这一队可以被视为支持社会契约的功利主义理论的先行作者（SPL），那么洛克、卢梭和康德等先行作者就组成了另一队，他们可以归入社会契约的道义论的有影响的支持者这一队（SPL）。罗尔斯对过去500年的西方哲学中影响最为深远的两种思想流派进行了总结和批评。他没有像之前的其他人那样，依赖于"临时应急式"的解释和"直觉主义"（CPL），而是自告奋勇地说他可以提出一种既全面（而非直觉主义的）又系统（而非临时应急式的）的社会理论（RAT）。他是在宣称自己的社会和正义理论会"胜过"广为盛行的功利主义，而且与洛克、卢梭和康德提出的先行理论相比也处于"更高层次"。这就像一个菜鸟拳手告诉迈克·泰森、穆罕默德·阿里和乔·弗雷泽说，自己可以比他们打得更好。这要么是他疯了，要么就是罗尔斯的左勾拳确实天下无敌。

在句子4里,罗尔斯说他的新理论"本质上是高度康德式的",而且就在下一句里他宣称"主要的观点都是经典的、众所周知的",这时他是在向读者介绍文献背景(SPL),因为上面这一句里这三个词("主要""经典""众所周知")的意思几乎相同。而且罗尔斯使用的是已经以某种形式存在的观点,或许就因为这个他才会谦虚地否认自己有任何的原创性。但是请注意罗尔斯的观点的形式和动向是如何受到先前研究的重要影响的。许多世纪以来,政治理论家都曾尝试条分缕析地描述,在一个由自由和平等的公民组成的社会里,面对着他们之间在道德、哲学和宗教观点上的根本差异,这个社会应该如何实现统一和稳定的社会秩序。如果这个社会全是由天使组成的,这样的任务就会很简单,因为像平等、虔诚和公正这样的价值观到处都是,于是不加思考地将其认定为必要的心理前提也是没问题的。政府要求的强制力因此就可以减小到最小程度。或者,会恰如涂尔干(Durkheim)所假设的那样,在一个成员为天使的社会里,即使轻微的犯罪行为也会上升到死罪的程度。

政治理论家面临的问题是得把这些仁慈的前提放在一边,把多元化世界里的经验现实作为假定的出发点。也就是说,天使里边还夹杂着强盗、小偷和杀人犯,所以对任何国家理论而言,要想真正具有普适性和逻辑自洽性,就绕不开他们——这就是反证法(reductio ad absurdum)。所以康德为自己的政治和道德理论预设的一个前提是,即使是"魔鬼的民族"(nation of devils)也能通过相互协定来建构国家:

> 一群理性人为了生存共同要求统一的法律,但每个单独的个体私下里都倾向于免受法律的制约,为了把他们组织起来,宪法的设计必须做到这一点,即尽管公民们在私

人态度上相互对立,但是这些对立的观点使他们相互限
制,以至于公民们的公共行为与没有这些邪恶态度时的情
况一致。(Kant,[1784] 1991,pp.112-113)

为了在自我和理论的框架中包容这些反复多变的属性和倾向,
政治理论家们从洛克、卢梭和康德的时代起就开始探求一种不依赖
于实质内容的正义的定义,并转向对正义的纯粹形式化和程序化的
描述(Fish,1999)。作为其社会契约理论的全部必要条件,康德提出
了一致同意并视之为合法原则,提出了自利原则,提出了绝对命令,
当罗尔斯将自己的理论说成是"高度康德式的",他实际上是将康德
的这些观点总结、浓缩和简略为了一个词——"康德式的"。如果读
者不能理解"康德式的"一词的分量及其影响,他们很可能就会漏掉
下面章节里这个词与先行理论家的其他联系。

罗尔斯说"我所尝试做的事情是对以洛克、卢梭和康德等人为代
表的传统的社会契约论加以概括,并对其进行更高层次的抽象",他
这句话是什么意思呢？这种抽象与概括倾向在罗尔斯的"原初状
态"下的"无知之幕"这一定义中特别明显。根据罗尔斯的观点
(1971,p.12),原初状态指"恰当的初始现状"(appropriate initial status
quo),它充当了所有理性人都会选择的两条正义原则的理论基石。
在这种虚构的情形下,要求受试者设计出所有社会成员都会相互同
意的社会和公共政策,目标是要重新创造出社会和社会契约起源的
某一个洪荒时刻。为了解决差异和自利的问题,为了防止任何受试
者选择偏袒某个社会群体的政策,受试者被蒙蔽在无知之幕之后,
这里任何像种族、阶级、性别这样的身份标志都很难对公共政策的
采用产生影响,自然也就排除了偏见和偏好的影响。他在句子7中
所说的"简化手段"描述了他在先行学者的基础上修改和发展了的

概念工具。

你可以看出先行学者与罗尔斯之间的学术血脉和观念上的传承。在某种程度上，罗尔斯的研究是西方哲学思想之登峰造极与集大成者，达到了一览众山小的境界，因为他吸收了笛卡尔的认识论确定性（epistemological certitude）作为其反思平衡（reflective equilibrium）的哲学上的源头和支柱；他倚重于密尔的功利主义原则作为其正义的第二原则（"最大最小原则"，maximum minimum）；他假定差异是潜在的冲突原因，或是依照洛克的做法，在公共领域中将其弃之不顾，或者依照霍布斯①的做法，通过官僚利维坦（bureaucratic Leviathan）的专制宣言（despotic pronouncement）来加以削弱；他借用了康德的逻辑自洽性、普适性和相互同意来作为规则适用性的必要标准。"蜿蜒曲折"一词出色地描摹了政治思想的崎岖历史，不失为对其很好的总结。我们还可以用另一个词来总结罗尔斯教授的《正义论》：才华横溢。

如果说罗尔斯教授的最终论点才华横溢、极为出彩的话，他到达这一目的地的总体方式就略显平淡了，因为他走过的是学术界的所有作者都必须走的路。照罗尔斯教授自己的说法，他并没有完全原创的观点。这句话倒也不全错。他只不过是借用和修改了前人的观点来立论而已。他之所以写书，是因为他发现政治哲学的文献现状中有 GAP 存在。这一 GAP 就成了他的理论依据（RAT）。但是在放手弥补这一 GAP 之前，他已经花了数百页篇幅，来对在此主题上有所著述的作者进行总结（SPL）和批评（CPL），然后才提出他的论证结果（ROA）。从这个意义上讲，人文科学和社会科学的论证形式也没有那么大的差别。它们的深层结构和形式都是一样的。

---

① 17世纪英国政治家、哲学家。——译者注

● 阅读密码的形式

　　如我在本书中所论,社科期刊文章往往按照我所描述的路径组织。这里要再一次指出,在作者写文章或者写书之前,他/她必须能够提供正当理由,说明为什么自己要做的研究是名正言顺的。这个理论基础的背后是文献现状中的缺陷。如果知识基础（文献）中没有瑕疵、缺陷或局限——总之如果一切完美——为什么还会有人去力图改进呢？顾名思义,完美的东西不需要任何改变。学者也好,专家也好,他们都相信通过重新定义和重新构造本学科中提出的研究问题,或者通过质疑先前研究者使用的方法和程序,自己可以使人类的知识现状得以提升。时不时地,会出现结果令人叹服、足以改变现有范式的研究；这种变化的肇始者会成为各自学科的超级明星。但是大多数时候改进都是微不足道的,只要创新性足以保证发表即可。我已经展示了这种知识创造的一般模式也适用于非社科门类。

　　我必须承认,谁要想把阅读密码表（RCOS）应用于500页的文本,那肯定会是令人望而生畏的任务。但是如果读者使用荧光笔和签字笔来标示书里的重要部分,那么这项任务就会稍微好对付一些。我认为在社科期刊文章中,ROF和GAP是信息含量最高的两个模块,理应加以重视,原因很简单,ROF为"他们发现了什么？"这一问题提供了现成答案,而且ROF还会成为未来论文的SPL。GAP的重要性则在于它回答了"意义何在？"这一问题。如果一个作者连这个问题都答不上来,那这篇论文就不要尝试写了,或者先多读点东西再说。但是我想读这本书的学生，十有八九用不着操心如何将阅读密码表应用于500页的文本。即便是我，也不会给学生布置这样莫名其妙的任务。

但是我会布置学生读一篇20~30页的期刊文章，以判定他们是否能够正确地运用阅读密码表。正如我一再指出的那样，这项工程的动机来源于一个简单的事实，我老是在学生论文中发现某些错误一犯再犯；回顾自己的学生生涯时，我注意到自己也曾犯过同样的错误。我只是想找个办法来纠正这些错误。虽然一开始我想当然地假定，写作的问题可以让学生到写作培训中心去矫正，但我发现事实并非如此。学生的写作问题存在于几个层面。根植于概念层面的写作问题会影响论文的结构层面，结构层面的问题又会影响到技术细节。简单地纠正一下句子和语法，这完全起不到提高学生写作水平的作用。我不再为了让学生改好，而一门心思地细读和批注那些写得一塌糊涂的论文，相反，我改变了自己的假定，决心去钻研优秀论文，琢磨它们的写作方法，以便把这些技巧教给学生。接下来该到哪里去找优秀论文呢？我心中暗自盘算。然后我在办公室里四处打量——答案还用问吗？（这本书就是我提供的答案！）

我开始阅读社科期刊文章，尝试从两个层面对文本进行理解：(1)作者在本段、本句里要做什么？(2)这篇文章的结构是如何组织的？打从问这些问题起，我就开始注意到期刊文章的写作方法中有某种反复出现的模式。我一开始使用阅读密码时，总是一板一眼地写上"他们要做什么""研究结果/发现""现有文献综述"，诸如此类的表达。但是每次都写这么多东西在页边空白处，这样做是低效的（即EEECA阅读法和SQR阅读法那样）。所以我就开始直接使用它们的首字母缩写。大概阅读了两年之后，我开始看出文章的结构组织方法中存在着某种模式。SPL 通常在 CPL 和 GAP 之前；RTC 和 RCL 通常待在文章的后面，很少跑到前面去，等等。我也会注意到哪些事是作者没有做到的，比如我所读的有些作者在讨论中存有明显的遗漏点（Missed Obvious Point，MOP）。我还注意到有些作者做出了并不恰当的断言，这些就成了我在未来论文中可以使用的批评点（Point of Critique，POC）。有时候作者漏掉的要点是未来论文中可资使用的待探讨的相关问题（Relevant Point to Pursue，RPP）。于是，这些就成了阅读策略密码。

阅读密码表的初步制定工作完成以后，我就请几个同事将其试用于期刊文章。我花了大约一年的时间，请求、恳求和乞求他们将其试用于自己所读的文章中。初见成效之后，我做了大多数教授很可能都会做的事：我让本科生尝试使用密码表来阅读。我花了两个小时与全班同学一起通读整篇文章，以展示其使用方法。我想这些密码的使用是卓有成效的。在这批学生交上来的期末研究论文中，我没再发现严重的结构错误。其他的典型错误（如大小写方面的错误、句子不完整、乱用分号等）还是有的，但是这些错误就比较容易改正了。在胜利的鼓舞下，我又在一个研究生班上进行了尝试，效果尚可。一位教授专业讲座课程的同事（Brain Cutler 博士）要我去宣讲自己进行中的研究。我问他能否给学生分享一下密码表。他同意帮我这个忙。后来他又建议我就此写书——当时我还以为他是在开玩笑。

自《会读才会写》首版以来，已经过去三年多了。每次我教授四年级的论文指导课程时都会用到这本书，我把阅读密码作为批判性阅读和组织阅读笔记的方法向学生们介绍，以便他们在写作过程中使用。而每一次，学生们都会问我一个让我感到惊讶的简单问题：

"为什么第一学年不教我们这个？"我的回答是，我不教一年级的课程。当我问他们这种阅读方法是否对大学一年级学生有帮助时，他们回答说，如果他们那时就学会了正确的阅读方法，他们就会有更好的表现。我一般对别人说的话都持怀疑态度，所以我对此番言论非常谨慎。然而，我收到了几封使用过这本书的学生发来的电子邮件，他们告诉我阅读密码对他们的工作有多么大的帮助——采用了阅读密码后他们对阅读感到更自信了。不过，也有些学生的体验并不那么积极。

我在第6章说过，有些学生在使用阅读代码阅读期刊论文和使用RCOS撰写研究论文时比较吃力。导致学生没有达到预期效果的原因可能有好几个。第一，学生可能不习惯为了完成研究论文所需的大量阅读（至少30篇期刊论文）。第二，他们可能不习惯主动和仔细的阅读。毕竟他们在以前的课程中只阅读期刊论文的前言和结论。（学生们表示，这种策略通常用于从期刊论文中获取可引用的材料。）第三，对于那些习惯于写论文只会总结他人工作的学生来说，期望他们提出一个原创的主张、发现或观点对他们可能会有压力。第四，学生们只是讨厌上我的课；可能他们曾试图退课，但被卡住了，因为选课系统关闭了，于是他们干脆直接不来上课了。第五，有些学生不能很好地适应变化。

正如阿尔弗雷德·阿德勒（Alfred Adler, 1917[1]）所指出的，新情况会揭示一个人的真实个性，如果新情况导致大的创伤并充分伤害了一个人的自尊心，就会导致神经衰弱。艰巨的阅读任务、反复地填写RCOS、机械的写作、对新主张的期待，这些学生面临的新情况导致了压力、焦虑、失败，有时甚至崩溃。此时，我只能对学生们所经

---

①奥地利精神病学家，人本主义心理学先驱，个体心理学的创始人。——译者注

历的一切表示同情，毕竟我自己也曾经历过。然而，完成一篇合格的论文的最后期限和期望是不会消失的。这种期望是无情的、残酷的、持久的，就像你得按时交房租、按时交税，以及每天都要吃饱一样。同样重要的是，成功并不能定义一个人作为学者的能力，正是我们对失败的反应才决定了我们的学术品格。这个道理同样适用于第一次挂科的学生、论文无数次被期刊退稿的初级教授，或者著作被审稿人扔进废纸篓的资深教授。

第8章

结束语

尽管我曾经无数次地听人说"电视会让你变蠢",但却从没听谁说"读书会让你变蠢"。对于后者而言,只有你读让人变蠢的书时,读书才会让你变蠢。但即使采取这种观点,读书这一行为也无法一概斥之为无用。话说回来,这两句话很好地体现了人们对这两种认知媒介的鲜明对比。一个是基于词汇的,另一个据称是基于图像的。一个要求读者对句法复杂的句子进行加工和消化,才能跟得上一连串线性排列的、精心打磨而环环相扣的观点、命题和论据,而另一个则只需要一张沙发即可。

这两种类型的媒介——电视和书本,被波兹曼(Postman,1985)分别称为电视式的和印刷式的认识形式。对电视式的头脑来说,看电视只为求个乐子,你只需为他们提供大白话即可。这种大白话,句法简单,逻辑命题、论断和论据能省则省。内容则可能逻辑不清,一味煽情,只会耍嘴皮子。它在各种层面上都乏善可陈,不啻为对大众传播的一种污染。印刷式的头脑则与之不同,他们所需要的语言是逻辑严密、秩序井然、线性排列且有条有理的。这种语言的集大成者包括莎士比亚、亚里士多德、柏拉图以及其他所有的古典文学大家。当然,这种语言在文学上有审美功效,读起来令人心旷神怡，足以陶冶性情，但是更重要的是，它能够启迪读者的心智。

波兹曼认为印刷式的头脑胜过电视式的头脑，因为读书对于头脑自有一番培育作用。阅读驱使读者去理解一连串前后次序分明的、精心打磨而环环相扣的观点和论据，而且对波兹曼而言，阅读所干的事情是"戳穿谎言，看穿张冠李戴和以偏概全之处，同时洞察对逻辑和常识的误用"（1985，p.51）。在波兹曼看来，"以印刷品为主导的"文化造就的心态特点，是在大众话语中"前后一致、有条有理地摆事实，亮观点"（coherent，orderly arrangement of facts and ideas）（p.51）。而与此相反，电视所提供的图片、图像和大白话则不会要求多么复杂的句子和逻辑论证，因为"其话语在很大程度上是以视觉形象为主导的，也就是说电视为我们提供的是借助形象而非借助词语的对话"（p.7）。

波兹曼指责说，电视提供的信息太多，反而使其不能为我们所用。他认为冗余的信息之所以无用，是因为新接收的信息和读者的切身生活无关：这些信息既缺乏情景支持，也没能和任何人的具体经历、环境和时点结合起来，因而谈不上根基，也谈不上有任何像样的寄托，一味沉迷于饶舌和斗嘴之中。在波兹曼看来，电视主要是为了给大家找乐子的；不管在形式还是内容上，它都不能给我们任何的教益。不止于此，就连它给我们找的乐子也是肤浅而庸俗的："我们所看的媒体[电视]的信息提供方式使得它过于简单，缺乏实质内容，缺乏历史感，缺乏传承，一言以概之，仅仅是娱乐化包装的信息。"（p.141）

波兹曼认为电视的罪恶在于它所滋生的头脑：看电视的人取乐的愿望根本停不下来，这种享受无穷无尽的好时光的愿望可能引导他们走向"死亡"。这种死亡可能不是字面意义上的，但从另一个意义上来讲也差不了多少。照波兹曼的说法,沉湎于电视的人就不再会去读书,不止于此,他们也很少会去干其他事,比如运动一下、散散步、在家里做点家务什么的。我们的文化中专门留给这类人的一个词是"沙发土豆"(couch potato)。如果波兹曼为电视总结的特征正确无误的话,这种文化除了沙发土豆外也培育不出别的什么来。但是更为严重的是,人们在精神上也会沦为沙发土豆,因为对他们而言,不仅赖以舒展筋骨的体力会丧失,赖以开动大脑的肌肉也会用进废退。波兹曼的著作中所说的死亡是精神上的和智力上的——总之是发生在头脑中的——但就其可怕程度而言丝毫也不亚于身体上的死亡。

波兹曼对语言的影响力感兴趣。他所希望的影响力是正面的,而且阅读文学的"印刷文字"的影响力是双重的:读者从阅读活动本身受益,因为它教会读者"戳穿谎言,看穿张冠李戴和以偏概全之处,同时洞察对逻辑和常识的误用";另一个好处是它使读者经历深刻的审美体验。波兹曼认为,文学作品的阅读能带给读者批判性思考和审美享受。他所指出的阅读造就特定类型的头脑,这一点是正确的。但是话说回来,用以培育心智也好,用以享受也好,文本都不是从天上掉下来的。关键点在于那些文本的作者,他们中有的人是深思熟虑、煞费苦心地打磨出一连串线性排列、环环相扣的观点和论据,有的则是不知不觉地在文章中四处撒谎、张冠李戴,还有的是不时误用逻辑和常识。

换句话说,虽然读者和作者可能会被时空所隔,但他们却是亲密无间地相互面对着的。他们彼此间存有羁绊,从作者开始构思一个潜在的写作工程那一刻起,到他们着手写作,进一步到完成时止,他们都和读者有约。线性的逻辑论证并非从天上掉下来的,它们是由身兼读者角色的作者所创造的，尽管读者这一角色不可见、不在场，但其急剧增长的影响却体现在作者的论证中（Echo，1979）。好的作者能够预先猜测到读者的反应和回击方式，从而有的放矢地针对这些设想中的反应打磨自己的观点。这种敏感和用心可以从段落的组织方式看出来，因为负责任的作者会引导读者"看见"支持自己论证的思路和逻辑。这些段落环环"紧扣"，哪怕稍微挪动其中一段的位置都不行。一旦有一段换个地方，那么整个论证就会面目全非。但不负责任的作者却像不合格的情人，他们在亲热时都会不顾及自己的伴侣，只由着自己的性子，从没有为感到无聊的对方考虑过，哪怕是一丁点儿。

正如我在本书中所述，有的作者在为读者着想方面做得比其他作者好得多——他们会以清晰的逻辑和贴心的论证引导读者领会深奥的观点和机巧的转折。由于这些原因，阅读和写作便成为了息息相通的行为，因为读者和作者共同投入了创作和阅读文本这一彼此取悦但又相互折磨的任务。在打磨自己的观点和论证结构时，作者心里得装着读者；在努力理解某节文本的意图、作用和目的时，读者心里要装着作者。阅读和写作这两种行为的对话性尽显于此。毕竟作者所要努力做到的，无外乎使读者心悦诚服地领会自己的观点，而读者所要努力做到的，无外乎领略作者的论证和逻辑，心有灵犀地认识到为什么他会这样组织文本，又或者为什么在描述某一事物时用这个词而不是那个词。以特定方式构思和解读的文本绝非误打误撞的结果，这是由读者和作者共同合作和反思、相互体谅而创造的，哪怕他们被时间、历史和地理所隔，哪怕他们等了500年才初次相遇。而电视，就不太需要这种默契对话的想象力了。

到此为止我已经论证了，阅读和写作尽管常常分别孤单进行，却

4

43

是息息相通的行为。学者阅读其他学者的作品时,这位读者本质上是在和作者进行无声的对话;与之相对,作者则是在与不在场的读者进行着对话,尽力揣摩怎样才能效果最好地劝服他接受自己的观点,认可自己论证的正确性。作者写作时的心理活动就是这样的,将这一过程称为对话式的活动,再贴切不过了。读者和作者间发生的这类内心对话让写作者很少觉得乏味,从不感到寂寞。我曾经听到有的学生和学者抱怨学术事业太过寂寞,之所以得出这一结论,是因为他们把孤单与寂寞混为一谈了,但实际上这两者不是一回事。

休闲式阅读是一种自得其乐的行为,主要是为了满足极为自我的目的。文学批评家 Harold Bloom(2000, p.24)曾建议读者,如果你受某本书的影响,准备卷入任何激进主义行为的话,最好三思而后行,在发现作者本人身体力行之前,先不要理会这些胆大妄为的观点。"不要试图按照你读的书,或者按照你对书的理解来提升你的邻居或你的社区。"这是 Bloom 的第二条阅读原则。在 Bloom 和其他同类的文学批评者看来,我们的阅读目的应该是"追寻比我们自己更有创造力的头脑"(p.25),为了使我们自己更为坚定。依据这种看法,休闲式阅读算不上社会性行为。你甚至可以把它称为反社会性行为的典型。

但在社科文章阅读和写作中,完全是读、写交互的。本书从头至尾也都在展示社科期刊论文的内容如何体现了这种社会性。我们在期刊文章的一头一尾都可以看到这一趋势。作者们会在摘要、前言和文献综述中介绍和讨论先行研究者的工作,借此踏入学术界。他们所问的研究问题正是学科历史的伴生物。究其本质,这种做法正是学者们为在学术界立足所必须缴纳的价值不菲的智识首付。

这里得再次指出，在学者们还未介绍自己的研究发现时，甚至在他们还没有证明自己的研究师出有名、势在必行时，就得先对先行研究进行认可和批评，然后才能着手对文献现状中的缺陷进行修正。对现有文献的认可、吸纳、讨论和批评，实际上就是我们对学术界的社会—道德秩序的臣服。不管是正文中的引用还是最后罗列的参考文献，都是在承认自己对先行研究者欠着智识观念的债。

讨论和结论部分也体现着学术著作中的社会—道德秩序和读者—作者对话性特点，因为我们很少有一说一地只对研究发现进行解析和讨论，而总是将其与先行学者过去的研究发现联系在一起。此外，在我们的贡献背后，总是隐约可见同一学科中先行研究者的身影——他们也问过类似的问题，使用类似的方法回答过这些问题，并根据某种思维范式解读过这类研究结果。这也正是知识论断间存在某种传承的原因：它们之间存在着概念上的、方法上的、分析工具上的和时序上的种种联系。知识论断并非，也不能，无中生有。这种观念债是通过引用的形式加以偿付的。

社科论文还体现并培育着无私的道德品性。它的这一价值明白无误地显现在期刊文章开头对他人文献的批评中，以及文章结尾的内省批评中。如我们所见，几乎所有社科期刊论文的作者都会讨论自己工作的局限性，并为未来的研究工作提出建议。我已在本书中指出，这些主张使人关注当前知识中的空白之处。这样的自我批评也说明了不管是在知识主张涉及的特定领域中，还是在整个社科知识库中，研究要取得一点点进展都是多么步履维艰，面临着重重的迷雾。也就是说，总还是有继续改进的空间。这种谦虚和怀疑的信念是可取的，因为它体现并契合着科学（而非文学）领域中公开信奉的价值观，并且从文体上避免了狂妄自大所导致的意外死亡（即伊卡洛斯［Icarus］式的错误）。[①]正因为社科期刊文本的组织结构中凝结着这样高贵的道德价值观，才使它有别于其他体裁（如浪漫小说、诗歌等）。社会科学学术圈的道德准则总的来说是以谦逊为先的，而社科期刊文献的结构则为此立规。这不是一件坏事。

拥有印刷式的头脑，这一点值得向往，培养这样的头脑也是大学的规定动作。这一目标非常诱人，在社会科学中更是这样，但通往这条目标的道路，不必非得迷障重重。不必非得像波兹曼那样，把这一可取的品质当成读书过程中偶然得手的副产品来期许。相反地，教师应该把批判性阅读教给学生，应赋予他们工具来帮助他们辨识"一连串线性排列的、精心打磨而环环相扣的观点"。

借助社科期刊论文和少量的非社科文本，我已经展示了社科论文的组织方式是非常特别的，而这种特别的方式是意料之中、可以预测的。社科论文（和非社科文本）中的这种环环相扣、线性排列、有条有理的观点组织方式，其典型可以表述为 SPL→CPL→GAP→RAT，这一进程体现了社科文本中观点的结构序列。我并非简单地告诉学生文本中存在着某种模式，而是提倡通过揭示文本中这一模式的结构，使他们能够发现它、理解它，并且在自己的文章中模仿这一模式，直到最后他们拥有足够的自信，不再心虚，从而在学术界发出自己的声音。

在社会科学中，阅读的重要性并不次于写作。阅读占了写作过程的至少一半。剩下的另一半就得靠学生的创造性和品德了，因为他们必须想出办法来对已有的观点进行整理、分类和组织，以将其

---

①伊卡洛斯是希腊神话中的人物，他的父亲代达罗斯为他做了一对用鸟的羽毛制成的翅膀，用蜡粘在他的手臂上，让他逃往西西里。父亲警告儿子，不要飞得离太阳太近，以免蜡熔化。可是伊卡洛斯飞得得意忘形，忘了他的飞行目的，越飞越高，离太阳也越来越近，当强烈的阳光使蜡融化时，伊卡洛斯跌落到了海里。——译者注

分门别类地纳入各种高度浓缩但又令人信服的主题门类,然后才能对其进行批评,并为自己的研究准备理论依据。只有这样,在完成了组织和连接先前想法的任务之后,学生才能用自己独有的且无限的方式将这些主题转化为句子。对诚实的学生或者追求完美的学生来说,这个任务并不简单。但对爱投机取巧的学生来说,这个任务又相当简单。所以,你该明白为什么我说学术写作是一种涉关创造性和品德的行为了。但是说到底,大学设立的主要目的不就是进行这种心智锻炼吗——总不至于是那些派对,那些体育比赛,那些活动,还有那些呃(比方说冰镇啤酒,咳咳,不说也罢)吧。

我从本书一开始就提出观点,写作问题的背后是阅读技巧的缺乏与信息管理能力的不足。我花了十年时间去琢磨为什么学生在他们的论文(如文献综述、毕业论文的前后几稿)中会犯这样那样的错误,我得出的结论是学生对"批评"这一概念的理解有问题。声称自己反正就是喜欢或不喜欢某一指定读物,或者宣称自己反正就是觉得它枯燥乏味,这只是看法不是批评。你是不可能以看法为基础来展开批评的。反过来,批评也不是看法。它是对作品的评估——不管这种作品是绘画、电影、小说、哲学书还是社科论文,并且这种评估是以该学科内部的规范性判断标准为基础的。于是,逻辑论证的自洽性与画作或都市摄影的优劣评判是不相干的,但对于哲学书来说,它却是一个极重要的标准。与此类似,拿研究方法的严密性(如随机样本的选择)来作为历史小说的文学性的评估标准也不太说得过去,但对社科期刊论文来说却再恰当不过了。

这就是学生在习作中一犯再犯从而引起我注意的错误。要他们对所读作者的文章进行批评还真是很困难的事。他们能够总结,这没问题,但是他们还没有形成批评的概念。这里我还得重复一遍,以为简单地告诉学生"要批判性地阅读",就足以让他们从零起步地学会批判性阅读,这就与简单说一句"去健身吧",就能教会有志健身者怎么健身一样,都是不靠谱的。这种建议想一想就知道有多荒谬。想要健身的人必须进行复合运动——能使多关节参与的运动——借此在头一两年打下坚实的身体基础;然后通过旋转训练和脚踏车训练专门训练一些特定的身体部分,以使每个肌肉群每周都达到最低的训练次数。另外还得教给新手的是,每一磅体重需要补充多少克的蛋白质,同时还要有足够的睡眠和水的摄入。对了还有,呃,不要喝啤酒。

请注意,"去健身吧"和"进行复合运动,投入专门训练,进行旋转训练和骑脚踏车,吃蛋白质,然后休息",这两种指导有质的区别。前者是完全无用的,除非你已经知道这一指令的意思包含什么,也知道该怎么执行这一指令。我曾查阅过关于提升文献综述和学术写作能力的指南书籍,并注意到其中大都是一些泛泛而谈的建议,非常类似于"去健身吧"这样的指令[SPL][1]。就算还有一些具体的指令,也都是不实用且难以操作的[CPL]。我发现可以设计一种新方法来教学生[GAP]。因此我研制了阅读密码,来帮助学生从所读文本中析出特定的结构和模式,借此对文本进行批判性介入[NO.1 RAT]。本书并非简单地告诉学生要保持"批判性",相反,它提供了一种阅读和编码办法,来实现被其他人视为不言自明的"批判性阅读"的操作[WTDD]。我还想找到一种办法,来帮助学生对其从阅读密码中收集到的信息进行原则性的、系统性的组织,从而在阅读行为中,在正式下笔之前就开始思考写作,而不是等到全部阅读完以后[NO.2 RAT]。本书作为一种尝试,旨在向读者证明并劝说其

---

[1]这几段话中,作者给自己的文字加注了阅读密码,用"[]"标示。——译者注

相信,阅读密码在批判性阅读和信息管理中是至关重要且极为有用的启发式方法[WTDD]。

我曾经在本书中指出,社科期刊论文中的词语、句子和段落都有特定的修辞功能[ROF],而且这种功能的履行方式是可以根据社科期刊论文中内在的结构和逻辑加以预测的[ROF]。我还指出一旦读者辨认出这一模式,他们在阅读中就可以以易辨识、易提取的方法来对自己的阅读内容进行组织和分类。推出这一模式的用意在于提供文本、认知和概念上的边界,以免读者陷入机械式或心猿意马的阅读状态,读了半天仍不知所云(Bloom, 2000)。通过辨识文本功能和在空白处标注密码,我希望帮助读者做到三件事情:(1)放缓阅读速度;(2)将所读内容组织成写作时容易提取的复现主题(如SPL,CPL, GAP, ROF);(3)辨识出潜在的GAP,以便读者能够从给定的CPL和GAP中预测出可以为自己文章所用的RAT。在我看来,上述建议使得批判性阅读成为了和"进行复合运动,投入专门训练,进行旋转训练和骑脚踏车,吃蛋白质,然后休息"一样清晰明确的任务。

我在本书中给出的建议既不激进,也谈不上新颖。我只是将现有作者(如Cone & Foster, 2006; Glatthorn & Joyner, 2005; Rudestam & Newton, 2001; Vipond, 1996)正在做的工作,和他们已经不事张扬地采取的做法稍加充实而已[RCL]。我仅仅将他们的做法和建议简化为了可操作、可执行的阅读密码。这谈不上什么创新。实际上,很可能有的教授会站出来说,他们在课堂上也做过类似的事情。那样的话,我也不会吃惊。我的老师也这样做过,尽管他们没有把它称为SPL, CPL, RAT, RCL什么的。当然,正是由于这些原因,我不能将此处陈述的观点归功于我自己。

修辞学家和文学批评家——如果他们真会屈尊读这本书——很

可能会捧着肚子,笑个半死,因为我这里的文本分析太过直白,太过简单化。但这没什么大不了的,我毕竟不是一个想要开辟新天地的文学批评家。我也可能忘记去引用和讨论这个领域里目前的一些相关学者,这种疏漏不是出于傲慢,而是出于愚笨成性。这里我没能给出自我批评,也没能为未来研究提出建议。这不是因为没有这样做的空间,而是因为我的聪明程度和自省能力达不到那个水平。如果我有那么聪明,我就会去当海洋生物学家或者 Vandelay 合伙公司的建筑师了,但我仅仅是一位老师而已。

　　作为一名老师,我仅仅是在尝试教会学生阅读社科期刊论文,以提高其学术写作的能力。既然身为老师,我就对我的学生、我的单位(雇主)和我的学科都承担有专业义务,这种义务驱使我按照学生的最大利益行事,尽管我的个人欲望、偏好和倾向可能并非如此。这里我个人的东西完全可以忽略不计,因为专业人员本该如此。对这个项目而言,学生们目前是也一直是我头脑中唯一的隐形读者。我希望他们能够顶住我的恶趣味,发现阅读密码的种种用处,在完成自己的阅读密码表作业的时候,不要怨恨我。

参考文献

Adler, A. (1917). *The Neurotic Constitution:Outlines of a Comparative Individualistic Psychology and Psychotherapy*. (B. Glueck and J. Lind, Trans.) New York: Moffat, Yard, and Company.

Bingenheimer, J., Brennan, R., & Earls, F. (2005). Firearm violence exposure and serious violent behavior. *Science* 308, 1323-6.

Bloom, H. (2000). *How to Read and Why*. New York: Touchstone.

Bui, Y. (2009). *How to Write a Master's Thesis*. Thousand Oaks, CA: Sage.

Cao, L., Adams, A., & Jensen, V. (1997). A test of the black subculture of violence thesis: A research note. *Criminology* 35(2), 367-79.

Canter, D. & Wentink, N. (2004). An empirical test of Holmes and Holmes's serial murder typology. *Criminal Justice and Behavior* 31(4), 489-515.

Canter, D., Alison, L.J., Alison, E. & Wentink, N. (2004). The organized/disorganized typology of serial murder: Myth or model? *Psychology, Public Policy, and Law* 10 (3),293-320.

Cone, J. D. & Foster, S. L. (2006). *Dissertations and Theses: From Start to Finish*. Washington, DC: APA.

Copi, I. & Cohen, C. (1990). *Introduction to Logic*. New York: Macmillan.

Cottrell, S. (2011). *Critical Thinking Skills: Developing Effective Analysis and Argument*.New York: Palgrave Macmillan.

Craswell, G. & Poore, M. (2012). *Writing for Academic Success* (2nd ed.). London: Sage.

Descartes, R. ([1641] 1951). *Meditations on First Philosophy*. New York: Macmillan.

DiCataldo, F. & Everett, M. (2008). Distinguishing juvenile homicide from violent juvenile offending. *International Journal of Offender Therapy and Comparative*

Criminology 52(2), 158-74.

Dixon, T.L. & Linz, D. (2000). Race and the misrepresentation of victimization on local television news. *Communication Research* 27(5), 547-73.

Dolan, M. & Smith, C. (2001). Juvenile homicide offenders: 10 years' experience of an adolescent forensic psychiatry service. *The Journal of Forensic Psychiatry* 12 (2), 313-29.

Eco, U. (1979). *The Role of the Reader: Explorations in the Semiotics of Texts*. Bloomington, IN: Indiana University Press.

Entman, R. (1990). Modern racism and the images of blacks in local television news. *Critical Studies in Mass Communication* 7, 332-45.

Fink, A. (2010). *Conducting Research Literature Reviews: From the Internet to Paper* (3rd ed.). Thousand Oaks, CA: Sage.

Fish, S. (1980). *Is There a Text in This Class? The Authority of Interpretive Communities*. Cambridge, MA: Harvard University Press.

Fish, S. (1994). *There's No Such Thing as Free Speech ... And It's a Good Thing*. Oxford: Oxford University Press.

Fish, S. (1999). *The Trouble with Principle*. Cambridge, MA: Harvard University Press.

Gershenfeld, S. (2014). A review of undergraduate mentoring programs. *Review of Educational Research* 84(3), 365-91.

Glatthorn, A.A. & Joyner, R.L. (2005). *Writing the Winning Thesis or Dissertation: A Stepby-step Guide*. Thousand Oaks, CA: Corwin Press.

Gruenewald, J., Pizarro, J., & Chermak, S. (2009). Race, gender, and the newsworthiness of homicide incidents. *Journal of Criminal Justice* 37, 262-72.

Harris, S.C. (2014). *How to Critique Journal Articles in the Social Sciences*. Thousand Oaks, CA: Sage.

Hattie, J. & Timperley, H. (2007). The power of feedback. *Review of Educational Research* 77(1), 81-112.

Holmes, R.M. & Holmes, S.T. (1994). *Murder in America*. Thousand Oaks, CA: Sage.

Horney, K. (1950). *Neurosis and Human Growth: The Struggle Toward Self-realization*. New York: W.W. Norton.

Hu, S. & Ma, Y. (2010). Mentoring and student persistence in college: A study of the Washington State Achievers Program. *Innovative Higher Education* 35, 329-41.

Jesson, J., Matheson, L., & Lacey, F.M. (2011). *Doing Your Literature Review: Traditional and Systematic Techniques*. London: Sage.

Jordan, C.H. & Zanna, M. (1999). How to read a journal article in social psychology.

In R. F. Baumeister (Ed.), *The Self in Social Psychology* (pp. 461-70). Philadelphia, PA: Psychology Press.

Kant, I. ([1784] 1991). *Perpetual Peace: A Philosophical Sketch*. In H. Reiss (Ed.), *Political Writings* (pp. 93-130). Cambridge: Cambridge University Press.

Kim, E. H., Hogge, I., Ji, P., Shim, Y. R., & Lothspeich, C. (2014). Hwa-Byung among middle-aged Korean women: Family relationships, gender-role attitudes, and self-esteem. *Health Care for Women International* 35, 495-511.

Kim, J. S. (2001). Daughters-in-law in Korean caregiving families. *Journal of Advanced Nursing*, 36(3), 399-408.

Landrum, R. E. (2008). *Undergraduate Writing in Psychology: Learning to Tell the Scientific Story*. Washington, DC: APA.

Lipson, C. (2005). *How to Write a BA Thesis: A Practical Guide from Your First Ideas to Your Finished Paper*. Chicago, IL: University of Chicago Press.

Locke, L., Silverman, S., & Spirduso, W. (2010). *Reading and Understanding Research* (3rd ed.). Thousand Oaks, CA: Sage.

Lyng, S. (1990). Edgework: A social psychological analysis of voluntary risk taking. *American Journal of Sociology* 95(4), 851-86.

Machi, L. A. & McEvoy, B. T. (2012). *The Literature Review: Six Steps to Success*. Thousand Oaks, CA: Corwin.

Mill, J. S. (1997). On liberty. In A. Ryan (Ed.), *Mill* (pp. 41-132). New York: W. W. Norton.

Miller, A. B. (2009). *Finish Your Dissertation Once and for All!: How to Overcome Psychological Barriers, Get Results, and Move on With Your Life*. Washington, DC: APA.

Moffitt, T. (1993a). Adolescence-limited and life-course-persistent antisocial behavior: A developmental taxonomy. *Psychological Review* 100(4), 674-701.

Moffitt, T. (1993b). The neuropsychology of conduct disorder. *Development and Psychopathology* 5, 135-151.

Muir, W. K. (1977). *Police: Street Corner Politicians*. Chicago, IL: University of Chicago Press.

Noland, R. L. (1970). *Research and Report Writing in the Behavioral Sciences*. Springfield, IL: Charles C. Thomas.

Oliver, M. B. & Armstrong, G. B. (1995). Predictors of viewing and enjoyment of reality-based and fictional crime shows. *Journalism & Mass Communication Quarterly* 72(3),559-70.

Osmond, A. (2013). *Academic Writing and Grammar for Students*. London: Sage.

Owen, J.J. (1999). Church and state in Stanley Fish's antiliberalism. *American Political Science Review* 93(4), 911-24.

Piquero, A.R., Farrington, D.P., Nagin, D.S., & Moffitt, T.E. (2010). Trajectories of offending and their relation to life failure in late middle age: Findings from the Cambridge Study in Delinquent Development. *Journal of Research in Crime and Delinquency* 47(2), 151-73.

Postman, N. (1985). *Amusing Ourselves to Death: Public Discourse in the Age of Show Business*. New York: Penguin Books.

Pritchard, D. & Hughes, K.D. (1997). Patterns of deviance in crime news. *Journal of Communication* 47(3), 49-67.

Rawls, J. (1971). *A Theory of Justice*. Cambridge, MA: Harvard University Press.

Rayner, K. & Pollatsek, A. (1989). The Psychology of Reading. Hillsdale, NJ: Lawrence Erlbaum Associates.

Ridley, D. (2012). *The Literature Review: A Step-by-Step Guide for Students*. London: Sage.

Rudestam, K.E. (2007). *Surviving Your Dissertation: A Comprehensive Guide to Content and Process* (3rd ed.). Thousand Oaks, CA: Sage.

Rudestam, K.E. & Newton, R.R. (2001). *Surviving Your Dissertation: A Comprehensive Guide to Content and Process*. Thousand Oaks, CA: Sage.

Salfati, C.G. (2000). The nature of expressiveness and instrumentality in homicide: Implications for offender profiling. *Homicide Studies* 4(3), 265-93.

Sampson, R.J. (1987). Urban black violence: The effect of male joblessness and family disruption. *American Journal of Sociology* 93, 348-82.

Shumaker, D.M. & Prinz, R. (2000). Children who murder: A review. *Clinical Child and Family Psychology Review* 3(2), 97-115.

Silvia, P. (2007). *How to Write a Lot*. Washington, DC: APA.

Strauss, A. (1987). *Qualitative Analysis for Social Scientists*. Cambridge: Cambridge University Press.

Strunk, W. Jr & White, E.B. (1979). *The Elements of Style* (3rd ed.). Needham Heights, MA: Allyn & Bacon.

Thapa, A., Cohen., J., Guffey, S., & Higgins-D'Alessandro, A. (2013). A review of school climate research. *Review of Educational Research* 83(3), 357-85.

Usoof-Thowfeek, R., Janoff-Bulman, R., & Tavernini, J. (2011). Moral judgments and the role of social harm: Differences in automatic versus controlled processing.

Journal of Experimental Social Psychology 47, 1-6.

Vipond, D. (1996). *Success in Psychology: Writing and Research for Canadian Students.* Toronto: Harcourt Brace & Company.

Wallace, M. & Wray, A. (2011). *Critical Reading and Writing for Postgraduates.* London: Sage.

White, H.R., Bates, M.E., & Buyske, S. (2001). Adolescence-limited versus persistent delinquency: Extending Moffitt's hypothesis into adulthood. *Journal of Abnormal Psychology* 110, 4, 600-9.

Wyller, T. (2005). The place of pain in life. *Philosophy* 80(3), 385-93.

图书在版编目（CIP）数据

会读才会写：导向论文写作的文献阅读技巧：原书第 2 版 /（加）菲利普·钟和顺（Phillip Chong Ho Shon）著；袁辉，韩鹏译 . -- 重庆:重庆大学出版社，2024.4（2025.7 重印）

（万卷方法）

书名原文：How to Read Journal Articles in the Social Sciences：A Very Practical Guide for Students 2E

ISBN 978-7-5689-4453-3

Ⅰ.①会⋯ Ⅱ.①菲⋯ ②袁⋯ ③韩⋯ Ⅲ.①社会科学—论文—写作—自学参考资料 Ⅳ.①H152.2

中国国家版本馆 CIP 数据核字（2024）第 072274 号

会读才会写：导向论文写作的义献阅读技巧（原书第 2 版）

HUIDU CAI HUIXIE：DAOXIANG LUNWEN XIEZUO DE WENXIAN YUEDU JIQIAO

【加】菲利普·钟和顺（Phillip Chong Ho Shon） 著

袁 辉 韩 鹏 译

策划编辑:林佳木

责任编辑:林佳木 版式设计:林佳木

责任校对:王 倩 责任印制:张 策

*

重庆大学出版社出版发行

社址:重庆市沙坪坝区大学城西路 21 号

邮编:401331

电话:(023)88617190 88617185(中小学)

传真:(023)88617186 88617166

网址:http：// www. cqup. com. cn

邮箱:fxk@ cqup. com. cn（营销中心）

全国新华书店经销

重庆市国丰印务有限责任公司印刷

*

开本:890mm × 1240mm 1/32 印张:5.625 字数:135 千 插页:6 开 1 页

2024 年 4 月第 1 版 2025 年 7 月第 2 次印刷

ISBN 978-7-5689-4453-3 定价:42.00 元

版贸核渝字（2023）第 066 号